gr. pros.

Couverture à conserver

239

Notes sur la Photographie

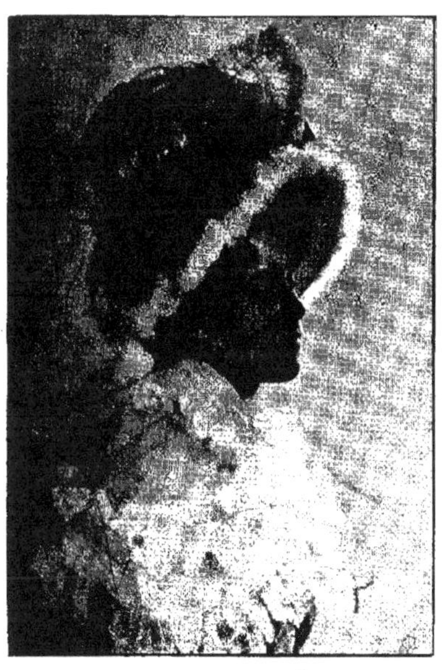

Artistique

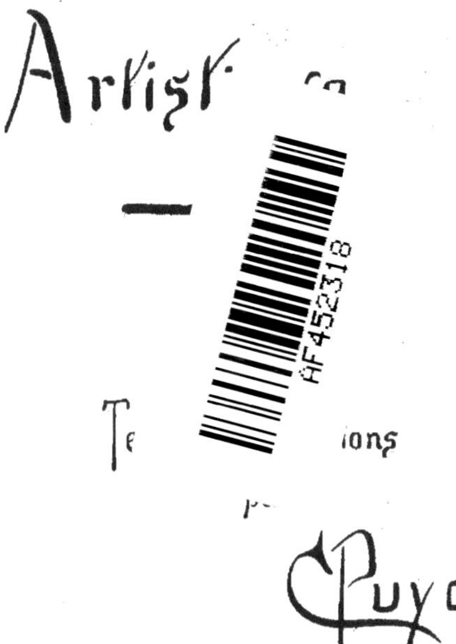

Te   ions

C. Puyo.

Paris — Gauthier-Villars et Fils — 1896

NOTES

PHOTOGRAPHIE ARTISTIQUE.

Notes sur La Photographie Artistique

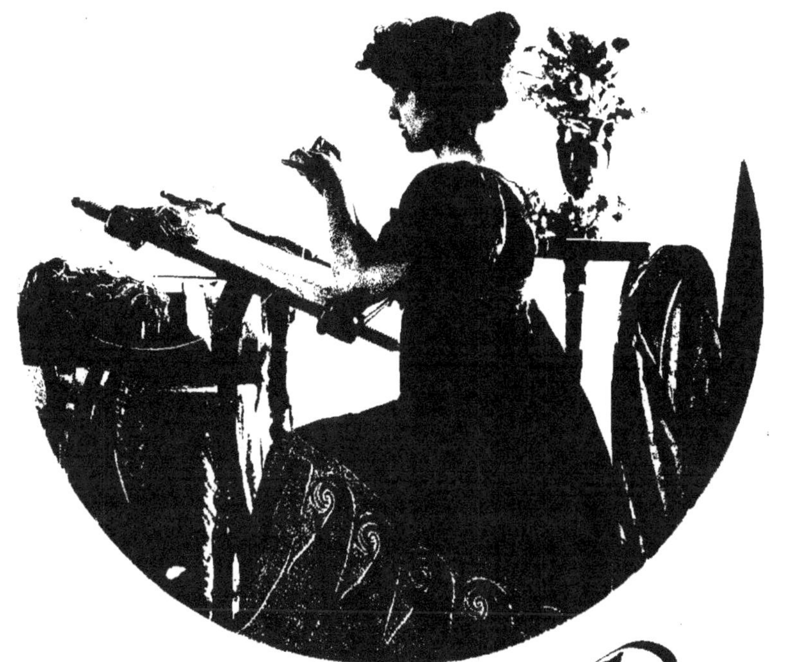

Texte et Illustrations — par Puyo

Héliogravures de P. Dujardin

Paris — Gauthier Villars et fils — 1896

AVERTISSEMENT.

Dans les notes qui suivent, il n'est traité des procédés de la Photographie qu'en tant que moyens d'expression artistique. Ce sujet austère sert d'accompagnement à une série de motifs reproduits en héliogravure par M. P. Dujardin avec une sincérité de rendu à laquelle il me plaît de rendre hommage. Est-il indispensable d'affirmer que ces images ne prétendent nullement au titre de modèles et qu'elles bornent leur ambition à amuser un instant les yeux?

De nombreuses typogravures ont été semées dans le texte; exécutées un peu partout en Europe, elles offrent des spécimens assez variés des différents réseaux employés communément. Beaucoup d'entre elles sont inédites; les autres m'ont été très obligeamment communiquées par divers périodiques : le Bulletin du Photo-Club de Paris, l'Annuaire général de la Photographie, que je tiens à remercier ici de leur amabilité.

C. P.

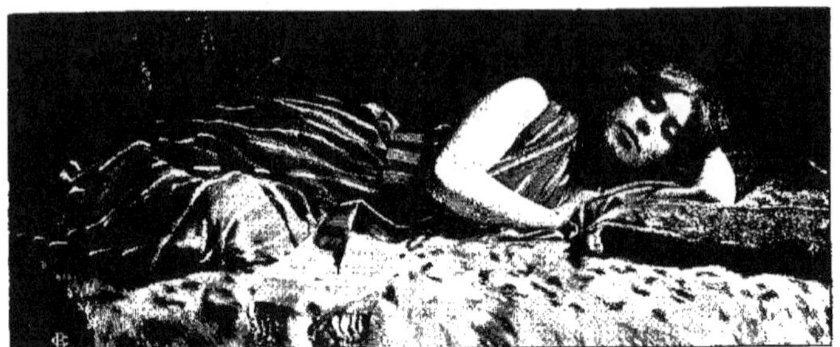

APERÇUS GÉNÉRAUX.

LA PHOTOGRAPHIE, MOYEN D'EXPRESSION ARTISTIQUE.

Pareille à tout organisme, une forme d'art nouvelle ne saurait naître brusquement et s'épanouir en une floraison subite; pour qu'elle éclose, il faut d'abord que les procédés d'expression qui lui sont particuliers aient atteint progressivement le degré de souplesse et de perfection nécessaire. Nulle sculpture ne pouvait exister à l'âge de la pierre polie et l'essor de la peinture date de l'invention des couleurs à l'huile. Il faut aussi qu'au cours de cette période d'enfantement, en même temps que grandissent la puissance de l'outil et l'habileté de l'ouvrier, se produise chez un certain nombre d'hommes, sinon chez la foule, une sorte d'affinement et d'éducation du sens auquel cette forme d'art s'adresse. Tout art suppose un public d'initiés; puis un jour vient où, les procédés mis en œuvre ayant acquis un pouvoir d'expression suffisant, aux tâtonnements et aux essais succède une production réfléchie et consciente; du choc des idées et du conflit des tendances une esthétique se dégage : une forme d'art nouvelle est née.

Il semble bien que la Photographie en soit arrivée à cet instant de son évolution. Longtemps gênée par la médiocrité de ses ressources, butée devant l'obstacle que lui opposait la variété des pouvoirs actiniques des couleurs, elle a bien pu délaisser d'abord, pour les voies plus faciles de l'artifice et de la convention, la route qui devait la conduire à l'art par l'étude sincère du réel; mais c'étaient là péchés de jeunesse, inévitables sans doute, et du jour où des procédés nouveaux, ou simplement perfectionnés, ont permis de traduire, dans la plupart des cas, par des valeurs suffisamment justes, les tableaux vivants offerts par la nature ou composés par l'homme, une réaction devait se produire dont les tendances artistiques se sont manifestées nettement dans les récentes expositions ouvertes un peu partout en Europe. Le sentiment de bienveillance générale, mêlée de quelque étonnement, qui a accueilli ces tentatives, est la meilleure preuve qu'une œuvre photographique est susceptible d'éveiller ces sensations choisies qui sont la raison d'être des arts et leur unique fin. La chose était facile à prévoir si l'on veut bien admettre que tout produit dont la genèse n'est pas purement mécanique peut être matière d'art. Il suffit que l'occasion puisse s'offrir naturellement à l'ouvrier,

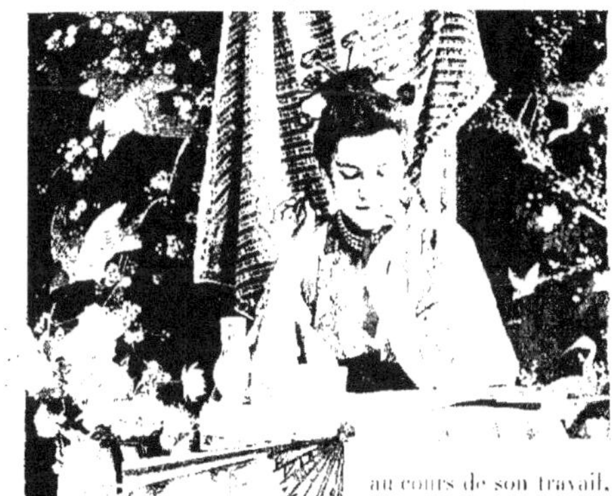

au cours de son travail, de faire preuve de savoir et de goût, et de laisser, en quelque sorte, transparaître dans son œuvre les tendances esthétiques qui constituent son originalité. Or, il n'est pas niable que, par l'habileté du choix, par l'art de la composition du sujet, par l'intelligence des ressources propres aux procédés photographiques, la personnalité de l'opérateur puisse se manifester avec aisance, sinon avec une liberté entière.

La Photographie, en dehors de ses applications scientifiques, peut donc être envisagée comme un moyen de représenter les effets naturels assimilable aux procédés en noir et blanc, crayon, fusain, lithographie ou gravure. Que sa puissance, au point de vue du rendu, soit limitée, que ses moyens soient incomplets et peu souples encore, qu'elle ait, à côté de qualités réelles que nous dirons tout à l'heure, des défauts particuliers dont les uns, inhérents à son essence, peuvent seulement être atténués, dont les autres diminueront avec le temps, c'est ce que nous n'essayerons pas de dissimuler. Bien au contraire, allons-nous insister sur ces faiblesses; elles nous indiqueront les limites naturelles du pouvoir d'expression de la Photographie, les écueils à éviter et, sans doute, la route à suivre.

Le premier de ces défauts, le plus gênant, à coup sûr, et celui qui a longtemps arrêté

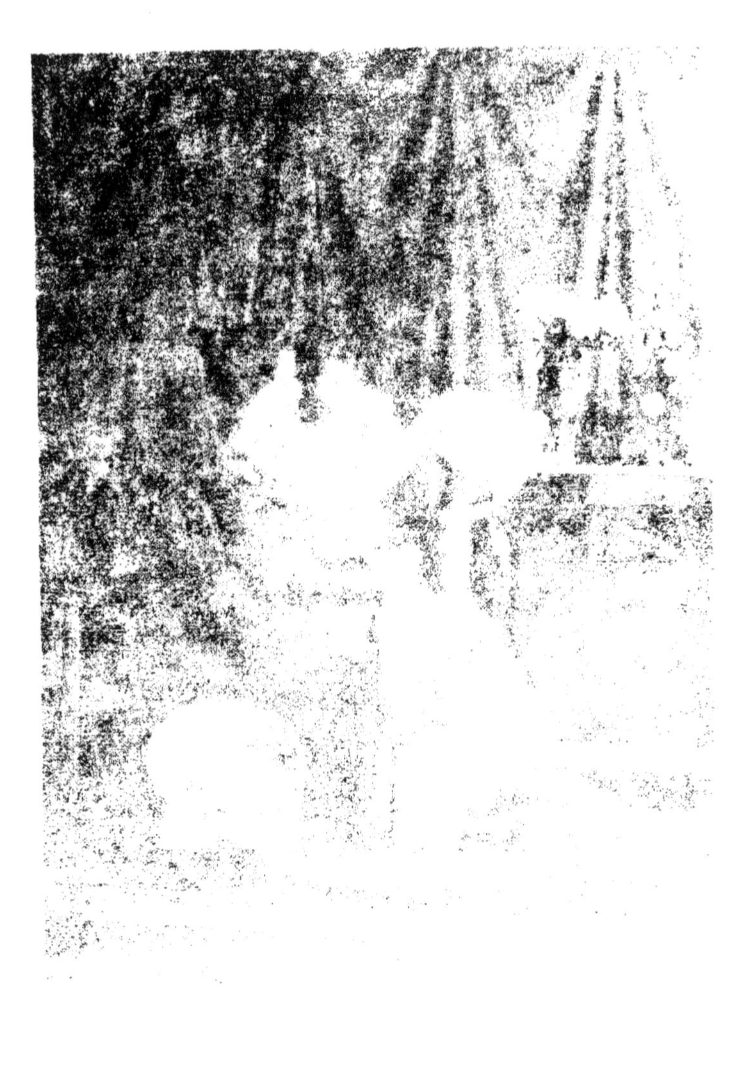

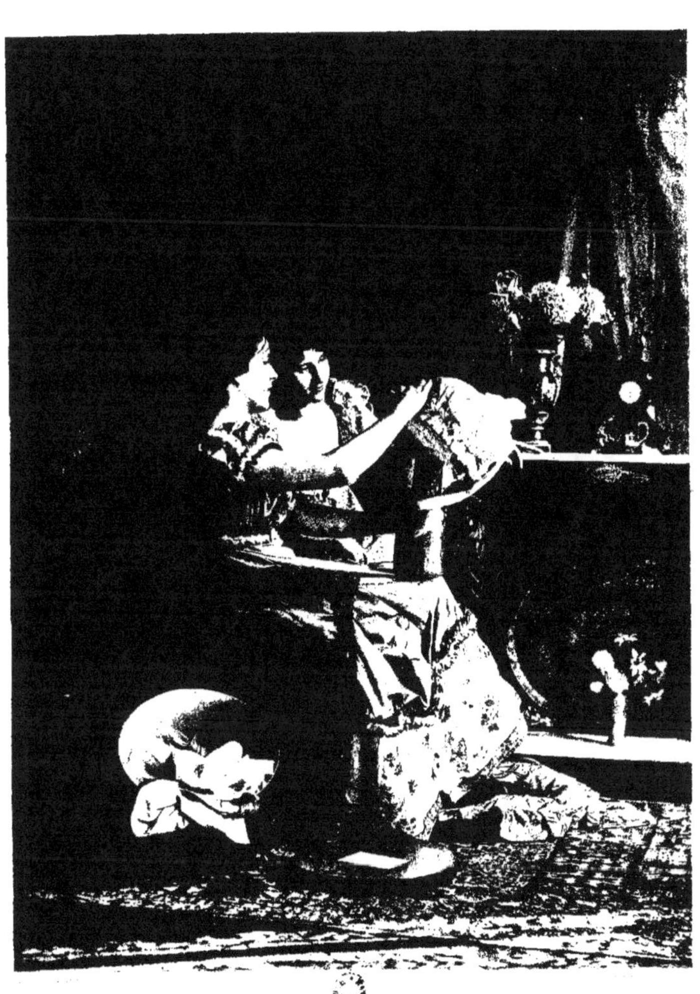

Grave affaire

tout essor artistique, est la tendance naturelle de la plaque sensible à fausser les valeurs relatives de tout sujet de plein air. A l'atelier et dans les intérieurs en général, cet inconvénient diminue jusqu'à disparaître, puisque l'on est maître de choisir les couleurs respectives des diverses parties du motif de telle sorte que la traduction en puisse être suffi-

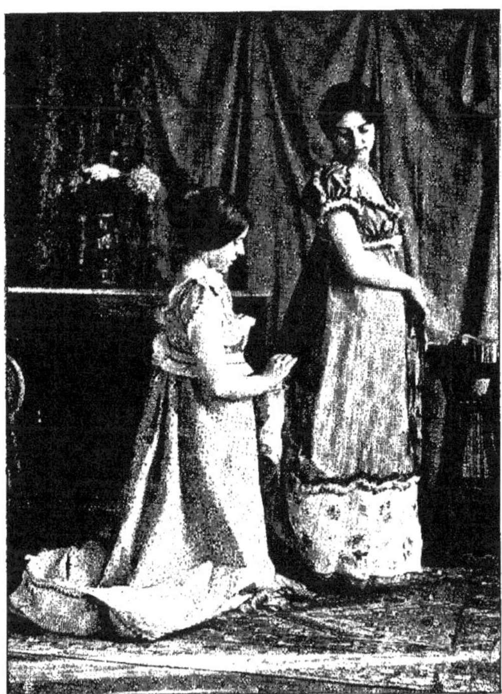

samment exacte. Mais, s'il s'agit de l'étude du paysage, il n'en est plus de même ; ici les deux éléments qui contribuent à former chaque ton particulier, à savoir la couleur propre et l'éclairage de l'objet, ne peuvent être modifiés, et dans de faibles limites, que par des influences étrangères, heures et saisons, état de l'atmosphère et du ciel. De là, pour le photographe, une liberté restreinte dans le choix des sujets qui s'offrent à lui et la nécessité d'attendre souvent, pour agir, certains moments favorables qui ne se présentent pas à volonté. Cependant la sensibilité des produits nouveaux, en rendant pratique l'utilisation du phénomène de la surexposition, a constitué un perfectionnement très réel et a donné de plus grandes facilités dans la recherche d'une traduction exacte des valeurs. L'emploi des plaques orthochromatiques et des verres colorés est venu ensuite offrir des ressources précieuses dans certains cas, bien que cet emploi n'aille pas encore sans mécompte et devienne impossible lorsqu'il s'agit de saisir tout ce qui est doué de vie et de mouvement, frisson des eaux, course des nuages, gestes et attitudes des êtres animés. Il y a donc lieu d'espérer que les progrès successifs des instruments et des procédés techniques, en faisant disparaître peu à peu ce premier défaut, augmenteront le nombre des sujets susceptibles d'une interprétation photographique.

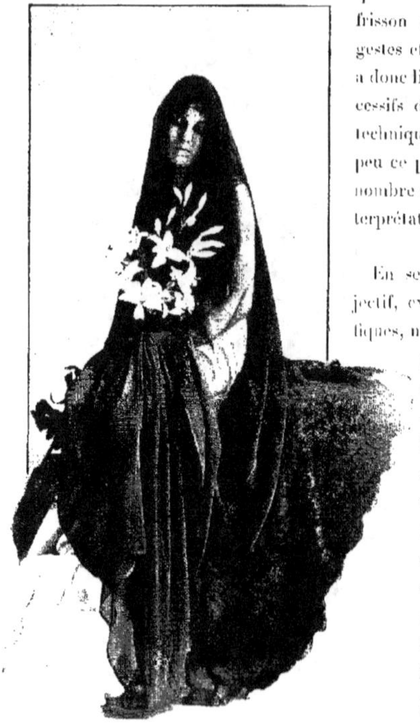

En second lieu, la précision de l'objectif, excellente pour les usages scientifiques, nuit aux qualités artistiques de l'épreuve parce qu'elle a pour conséquence la sécheresse du trait. J'entends par là que, la limite idéale qui sépare deux tons voisins se trouvant marquée avec une exactitude absolue, la perspective aérienne tend à disparaître en même temps que la sensation de l'atmosphère qui, interposée entre l'œil et les objets, enveloppe ceux-ci et doit en estomper les contours. Cet inconvénient peut s'atténuer par des moyens divers qui enlèvent au trait sa trop grande netteté. L'emploi du flou est donc légitime et s'appuie sur un principe juste ; il est incontestable que la plupart des épreuves un peu grandes gagnent à être ainsi traitées ; il reste seulement à faire de ce procédé une application judicieuse appropriée à chaque cas.

Un troisième défaut consiste dans l'excès du détail qui, uniformément répandu, nuit à l'unité du motif en sollicitant le regard en dehors du centre d'intérêt; l'objectif est, en effet, trop consciencieux pour permettre ces sacrifices que la main du peintre a la faculté d'opérer dans les parties secondaires du tableau. Pour les sujets composés de toute pièce, la disposition habile et la simplification des alentours du motif principal, dans l'étude du paysage, le choix judicieux de l'éclairage, des avant-plans et du point de vue en général fourniront des remèdes plus ou moins efficaces. On trouvera une dernière ressource très réelle, lors de l'impression positive, dans l'emploi des papiers qui se développent au moyen

d'un agent mécanique et se prêtent à un maniement très souple; nous en dirons plus tard quelques mots.

Il est encore un moyen indirect qui consiste à user des qualités d'attirance inhérentes à certaines combinaisons de lignes et de tons pour contre-balancer l'action dispersive des détails en appelant avec insistance et en fixant le regard sur la région d'intérêt.

À toutes ces causes qui tendent à diminuer le pouvoir d'expression et la souplesse de l'instrument photographi-

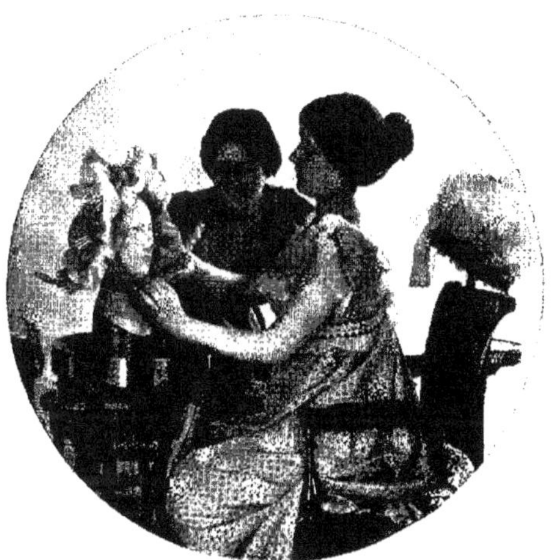

que vient s'ajouter un inconvénient, sérieux dans la pratique, résultant de l'impuissance où se trouve l'opérateur de modifier les éléments des milieux en général, et, particulièrement, dans le paysage, d'opérer les retranchements et les additions qui seraient nécessaires à la bonne tenue du tableau.

Enlever un détail qui nuit à l'équilibre des lignes, assurer l'accord complet des tons par la modification de certaines valeurs locales et leur liaison harmonieuse par la disposition des rappels nécessaires, ces opérations lui sont en grande partie interdites. Si vous y joignez l'obligation pour le photographe de se transporter dans les milieux mêmes qu'il veut reproduire et l'impossibilité ou, si l'on veut, la difficulté extrême de réunir par le travail de synthèse familier au peintre ses études fragmentaires en un tableau unique, vous estimerez sans doute que, si la photographie n'est ni le plus raffiné ni le plus savant des arts qui visent à interpréter la nature, elle est du moins un de ceux qui ont à triompher des plus grandes difficultés matérielles. On en trouvera une preuve si l'on compare le petit nombre de cadres, 3oo ou 4oo, que les expositions internationales parviennent avec peine à réunir, au nombre de toiles que recueillent annuellement les salons de peinture du monde entier.

La Photographie possède en revanche quelques qualités.

D'abord, et sous la réserve que certaines conditions soient respectées, l'objectif dessine bien: il traduit, dans les limites de son pouvoir, les inflexions infinies des lignes avec délicatesse et sincérité. Cela n'est pas un mince mérite, s'il est vrai que le dessin est la probité de l'art. En tous cas, l'influence de cette qualité s'est fait sentir dans les domaines limitrophes de la peinture et du dessin: l'objectif, en apprenant à mieux voir la réalité, a rendu le public plus exigeant et conduit les artistes, notamment dans l'illustration du livre, à un dessin plus serré et plus vrai.

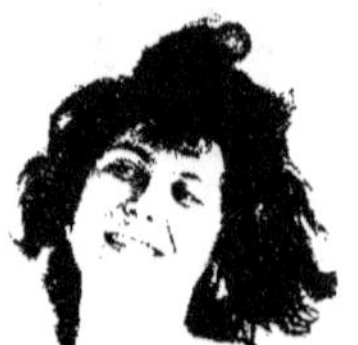

L'objectif jouit en outre d'une propriété particulière, qualité ou défaut suivant l'usage qu'on sait en faire; il a le pouvoir de saisir les mouvements des êtres animés à tous les moments de leur développement et de fixer ainsi, d'abord les gestes et les attitudes dans leur naturel et leur souplesse, mais aussi, s'il s'agit de mouvements rapides, des positions passagères que l'œil ne perçoit pas. Il en est advenu ce résultat singulier que la représentation esthétique et convenue des mouvements est fréquemment en contradiction avec la réalité des faits tels que les enregistre l'objectif.

Il semble qu'il convienne de distinguer ici deux sortes de mouvements : ceux dont la rapidité est sensiblement continue, telle la marche de l'homme ou le galop du cheval, et ceux dont la rapidité passe par des minima nettement marqués, telle l'action d'une personne qui frappe ou qui supplie, le geste d'une femme qui coud..., etc.

Dans cette dernière série d'actions, il est des instants où le mouvement est suffisamment ralenti pour que l'œil puisse avoir la perception très nette de l'attitude qui en résulte. Ce sont les instants pendant lesquels le poing ou la main se trouvent soit à l'origine soit à la fin de leur course, ceux où l'aiguille est enfoncée, puis reprise par la pointe, puis arrêtée par le fil tendu; les instants en un mot où le geste est amené à une immobilité relative. Analysez, par exemple, le mouvement d'une femme se lissant les

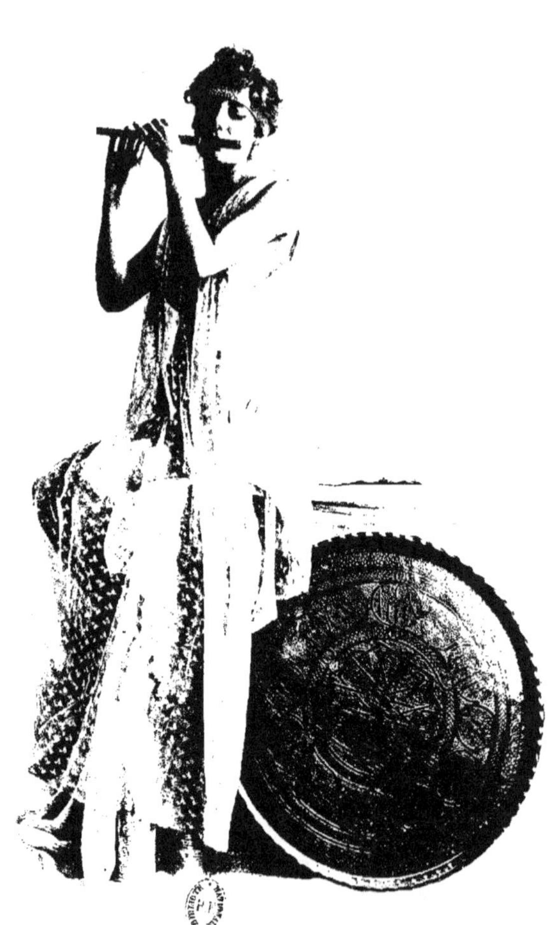

Figure décorative

cheveux, vous y distinguerez les périodes suivantes : d'abord un glissement assez lent, puis un envolement en l'air rapidement esquissé par la main qui revient sans ralentissement à son point de départ. Il est évident que le seul moment qu'il convienne de fixer est celui où la main est en contact avec les cheveux.

Pour représenter les mouvements de cette nature, on pourra se servir soit de la pose

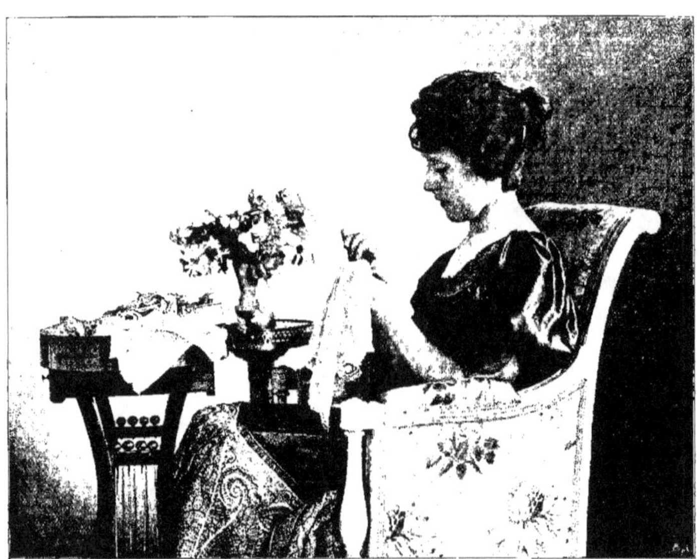

prolongée, soit de la pose instantanée, en faisant exécuter le mouvement avec une lenteur telle qu'elle permette d'intervenir à l'instant précis désirable.

C'est dans la représentation des mouvements à rapidité continue que l'emploi de l'instantanéité devient évidemment dangereux et absolument aléatoire au point de vue esthétique; peut-être cependant pourrait-on distinguer ici deux cas : celui d'un mouvement isolé et celui d'un groupe de mouvements semblables et simultanés. Lorsqu'il y a groupement, comme par exemple dans l'image d'une masse de cavalerie au galop, le résultat donné par l'objectif peut devenir admissible, car, si chaque attitude prise en particulier doit être jugée inesthétique, l'ensemble est susceptible de donner la sensation très nette de l'en-avant d'une charge. Cela tient sans doute à ce que l'œil embrassant l'ensemble du groupe accomplit un travail de synthèse et ne retient qu'une résultante.

Du moins j'explique ainsi ce fait que certains tableaux conçus dans cet ordre d'idées ne me choquent nullement et me semblent, bien au contraire, pleins de vie.

Quand le mouvement est isolé, il n'en est plus de même. Ici la question est évidemment complexe, l'éducation de l'œil et les idées préconçues intervenant dans l'impression subie par le spectateur. Il est probable que les contemporains de Van der Meulen trouvaient l'allure de ses chevaux très naturelle; on sait aussi que l'admirable aisance des chevaux de « 1814 » a d'abord étonné nombre de gens. Il est certain, d'autre part, que les idées de mouvement et d'instabilité sont chez nous connexes; regardez les groupes de coureurs et, en général, toutes les attitudes admises pour l'homme en marche, dans

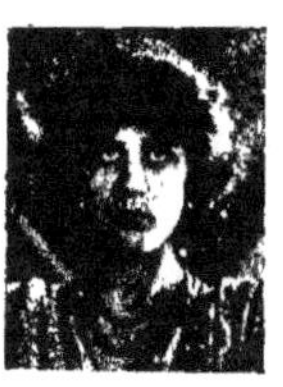

lesquelles la verticale du centre de gravité tend visiblement à sortir de la base de sustentation. Ne disait-on pas autrefois, en hippiatrique, que le cheval au galop courait après son centre de gravité, tandis que les instantanés montrent qu'il n'en est rien et qu'à tout instant le corps est équilibré. C'est justement parce que cet équilibre existe dans les images photographiques que celles-ci ne donnent pas l'idée du mouvement.

Il y a lieu de penser qu'à cet égard une sorte de compromis se produira avec le temps entre la réalité invisible et non susceptible d'une représentation exacte et la convention nécessaire ici.

Certaines attitudes, plus nombreuses et plus variées qu'autrefois, deviendront représentatives d'un mouvement déterminé et ces attitudes devenant classiques seront justes pour l'œil et par suite esthétiques.

Il semble, d'autre part, que ces attitudes devront être choisies parmi celles qui correspondent à des minima de déformation de la silhouette en mouvement. Je m'explique : si vous considérez une série d'épreuves prises à des intervalles égaux et très courts, vous constaterez que l'importance de la déformation subie par l'image du sujet, d'un intervalle à l'autre, est loin d'être constante. En d'autres termes, vous trouverez des groupes d'images consécutives presque identiques et des groupes où les variations successives de l'image sont très marquées. Ceci posé, il est naturel de préjuger que c'est dans les premiers groupes, autrement dit dans le voisinage immédiat des instants où le pouvoir de déformation inhérent au mouvement passe par des minima, que l'on trouvera l'image où les images douées de qualités esthétiques, car ce sont celles que l'œil pourra discerner le mieux, quoique confusément encore, et dont il subira le plus fortement l'impression inconsciente.

Prenez par exemple un homme marchant au pas : il est évident que les déformations de l'image seront maxima pendant la période où la jambe exécute son déplacement d'arrière en avant et minima dans les instants où les deux pieds touchent le sol. Et c'est en effet, de toute la série, les épreuves prises pendant cette dernière période qui vous choqueront le moins. Elles ne vous donneront pas toutefois l'idée du déplacement en avant et l'attitude représentée vous semblera stable parce que la verticale du centre de gravité est au milieu de l'ensemble. Il est probable qu'ici un compromis est nécessaire et c'est en effet par une

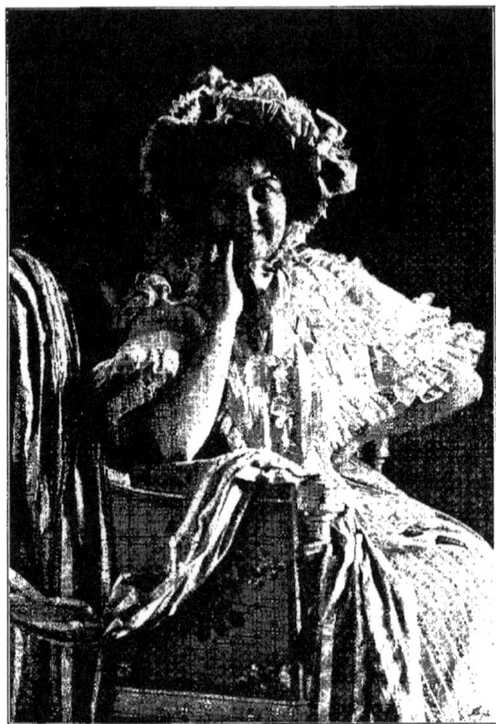

légère atteinte à la stabilité réelle que le peintre rend sensible le mouvement contenu en puissance dans la silhouette de l'homme représenté les deux pieds touchant le sol.

Parfois ce compromis ne sera pas indispensable, par exemple dans le cas d'un homme ou d'un animal tirant une voiture et par cette raison justement que le centre de gravité de la silhouette est porté très en avant.

En résumé, la représentation, par l'emploi de l'instantané, d'un mouvement rapide et continu sera toujours aléatoire. Si l'on a affaire à l'homme, peut-être vaudra-t-il mieux avoir recours à la pose, en faisant exécuter le mouvement avec lenteur, en fixant l'attitude du modèle au moment désirable et en la modifiant légèrement pour lui donner un peu d'instabilité. S'il s'agit d'allures lentes, le pas du bœuf par exemple, on pourra saisir le moment où l'ensemble des pieds est le plus voisin du sol. Les reliefs du sol, l'herbe, l'eau, pourront quelquefois permettre d'esquiver la difficulté réelle dont nous venons de parler un peu longuement peut-être.

En outre des avantages inhérents à un bon dessin, la Photographie possède une qualité supérieure encore ; elle sait rendre avec une virtuosité bien particulière, et mieux,

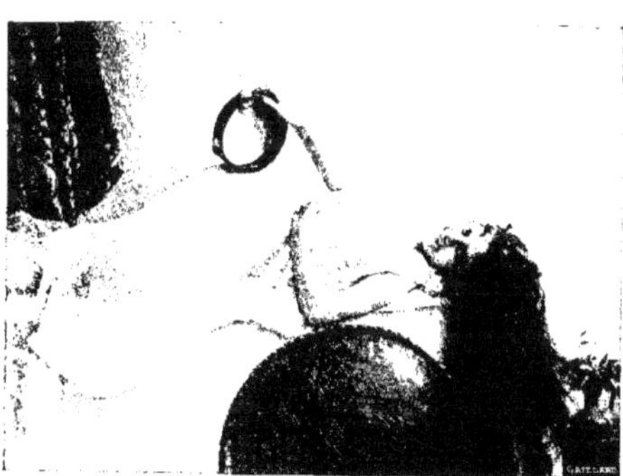

je crois, que tout autre procédé monochrome, ce qu'il y a d'infiniment délicat dans les modulations des tons, dans les transformations subtiles que fait subir à la lumière le relief des choses. C'est là une qualité de premier ordre. On a dit depuis longtemps que ce qui distingue les tempéraments doués pour l'art, c'est la faculté de fixer la sensation à son origine et de la goûter ainsi dans sa délicatesse et sa fleur premières avant qu'elle se soit adultérée en se muant en sentiment. Comme le son des mots a une valeur particulière et distincte de l'idée qu'ils expriment, la couleur, en effet, a en soi un charme propre indépendant du contour qui l'enveloppe et du sujet qu'elle représente. Mieux que le tragique parfois conventionnel des tableaux d'histoire, ou que la beauté souvent affadie des Vénus, un accord de nuances considéré en soi, s'appliquât-il à quelque objet humble ou vulgaire, est susceptible d'éveiller des sensations affinées d'ordre supérieur au point de vue de la jouissance esthétique. Ces sensations-là, qui sont au sens de la vue comme une caresse physique, les nuances des tons monochromes peuvent les donner, à un degré moindre sans doute, mais cependant très appréciable. De là l'importance d'un bon développement, suivi d'une impression positive habile qui laisse à l'image toute la saveur du modelé parfait que le cliché peut fournir.

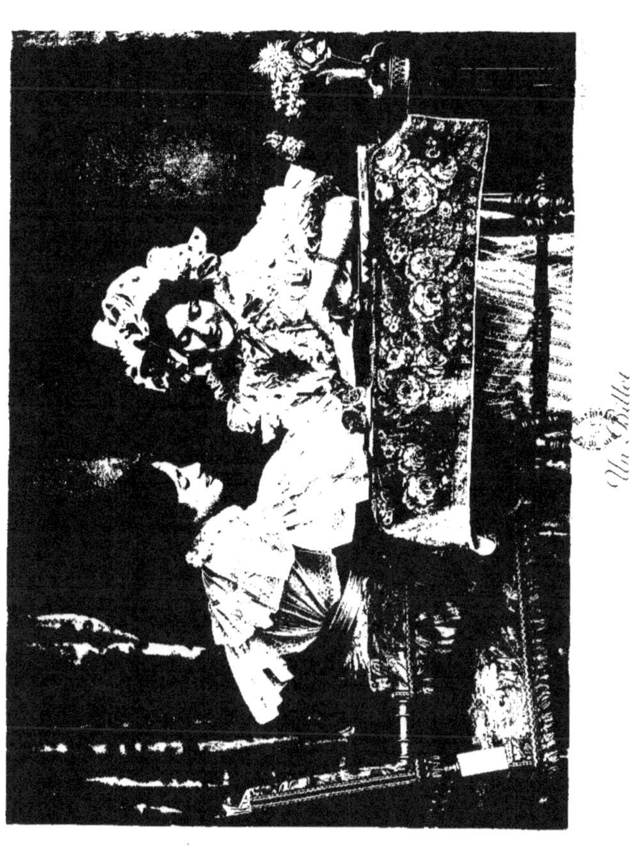

Un Billet

Pour ce motif, ce serait faire, je crois, fausse route que d'avoir recours à des procédés d'impression incapables de rendre la délicatesse des demi-teintes. Atténuer la complication des détails ou l'excès de précision du trait est chose légitime sans doute, mais ce résultat ne doit pas être obtenu aux dépens du modelé; celui-ci ne saurait être trop

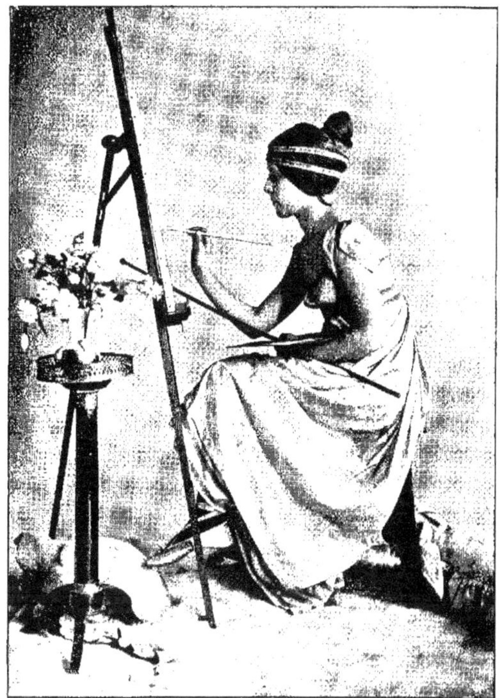

savant ni le clavier des tons trop complet; d'autant plus que les notes qui, en cette affaire, seraient sacrifiées tout d'abord, à savoir les notes voisines du blanc, ont un charme propre incontestable, et sont de toute façon nécessaires pour assurer la liaison entre les tons moyens et les blancs purs.

Quand, par une éducation pratique suffisante, le photographe est devenu maître de ses procédés; que, par une étude approfondie des faiblesses et des ressources de son instrument, il connaît les limites de son pouvoir et qu'il a appris à transposer par la pensée en valeurs photographiques les valeurs des motifs colorés qu'il veut traduire, il n'a rien fait encore s'il n'a su affiner chez lui le sens de la vue jusqu'à le rendre capable de goûter ce qu'il y a d'expressif dans la ligne et dans le ton considérés en soi, et de comprendre ce qu'il y a de nécessaire dans les lois générales qui président à l'équilibre et à l'harmonie de toute composition artistique.

Ces lois n'ont rien d'arbitraire n'étant que l'expression des préférences de nos tempéraments tels que les a façonnés l'action combinée de la civilisation et de la nature. Quand nous songeons aux conditions que doit remplir toute œuvre d'art et que nous apparaissent aussitôt les idées d'unité, d'ordonnance, de subordination, n'est-ce pas le rationalisme grec et notre conception unitaire du monde qui nous imposent ces vues générales, de même que l'art complexe et chargé de détails de certains peuples d'Orient semble la transposition dans le domaine plastique de leur idéal panthéiste.

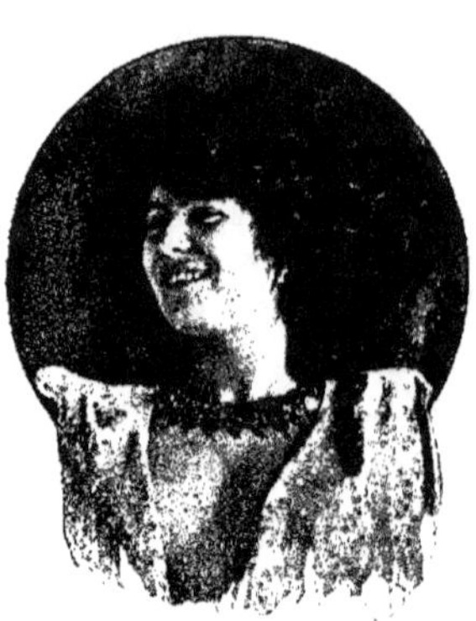

Pareillement, l'idée d'équilibre, qui la fait naître, sinon ce sentiment intime que tout obéit à la loi de la gravitation? D'où l'emploi général, dans la composition, de la forme triangulaire, le triangle étant de toutes les figures celle dont le centre de gravité est le plus bas. Enfin, les règles qui président à l'harmonie des tons et à leur liaison et imposent l'usage des rappels découlent de l'idée de relation et de l'impuissance de nos organes à juger autrement que par comparaisons successives.

Cela revient à dire que toute éducation artistique consiste à faire grandir, par une culture spéciale, certains concepts que nous avons chez nous en germe et qui, faute de soins, resteraient à l'état rudimentaire. Les façons affinées de voir et de sentir qui résultent de cette éducation se concrètent en quelques principes assez généraux pour être admis par tous, assez larges pour être susceptibles d'applications variables à l'infini. Si l'on se borne à les énoncer, c'est chose facile et brève; mais, pour aller plus loin, il n'est d'autre moyen que de multiplier les exemples particuliers et de montrer comment ces principes sont intervenus en se dissimulant dans telle ou telle composition. Ceci déborderait mon cadre et je ne puis que renvoyer le lecteur aux livres écrits sur la matière.... Cependant, comme il est parfois nécessaire d'invoquer ces idées générales pour justifier certaines considérations d'ordre pratique, j'en dirai deux mots en me bornant à quelques courtes remarques.

Le premier de ces principes, qui s'applique à tous les arts, quel que soit leur domaine

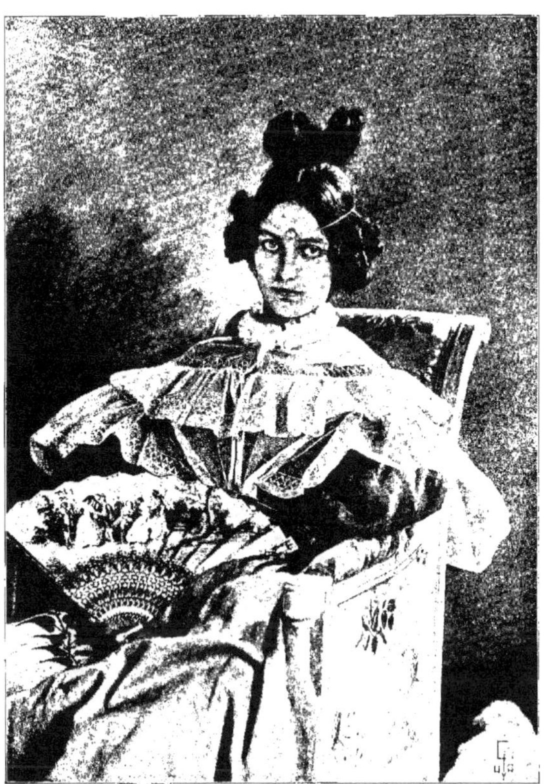

propre ou leur tendance particulière, est celui de l'unité de conception, ou, si l'on veut, de l'unité du sujet. Dans quel livre poudreux ai-je lu jadis ce propos singulier que David aurait dit-on tenu à Baour Lormian : « Que tu es heureux Baour! Si tu veux représenter deux amants dans les Alpes, tu écris 500 vers sur tes montagnes, 500 vers sur tes amants, et si cela ne suffit pas tu recommences. Mais moi, si je peins de grandes Alpes, mes amants s'y trouveront perdus et, si je peins de grands amants, mes Alpes deviendront imperceptibles. » J'ai des doutes sur la véracité de cette anecdote et je pense que l'on a calomnié David. Cependant, cette préoccupation de ne sacrifier ni les amants ni les Alpes est visible dans nombre de compositions de plein air; elle est certainement naturelle. Mais, comme il en résulte une gêne, une hésitation inévitables dans l'impression reçue par le spectateur, mieux vaut la condamner franchement et poser en principe qu'il est des sacrifices nécessaires; grâce à eux, dans tout motif, l'œil sera attiré vers un centre d'intérêt unique et limité autour duquel l'ensemble de la composition s'équilibrera sans peine.

Plusieurs éléments sont susceptibles de concourir simultanément à créer l'intérêt; celui-ci peut résider soit dans les objets représentés, soit dans certains accords de tons ou certaines combinaisons de lignes.

Il y a, en effet, une sorte de hiérarchie naturelle dans le pouvoir d'attirance des divers objets. Au premier rang se placent les êtres animés; vient ensuite tout ce qui est doué d'une sorte de vie latente ou qui trahit la présence de l'homme : un bateau par exemple, une chaumière d'où sort de la fumée; puis tout ce que l'homme a créé et qui apparaît à la surface du

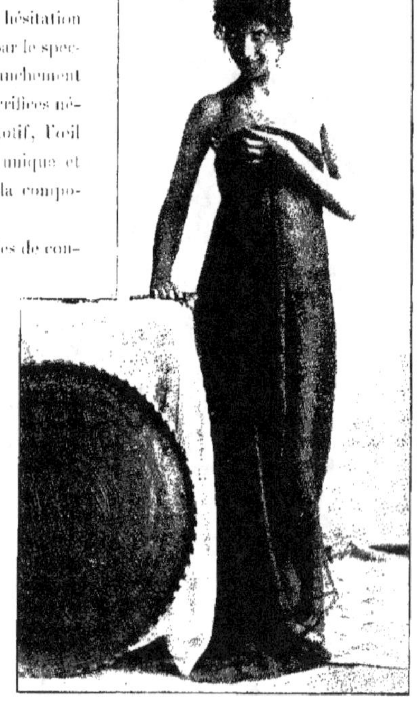

sol en traits nets et arrêtés : maisons, murs, barrières; une route sollicite le regard plus vivement que le champ qu'elle traverse ou que les arbres qui la bordent.

En second lieu, les tons appartenant aux gammes extrêmes appellent l'attention d'autant plus vivement que leur valeur dans l'ensemble est plus dominante.

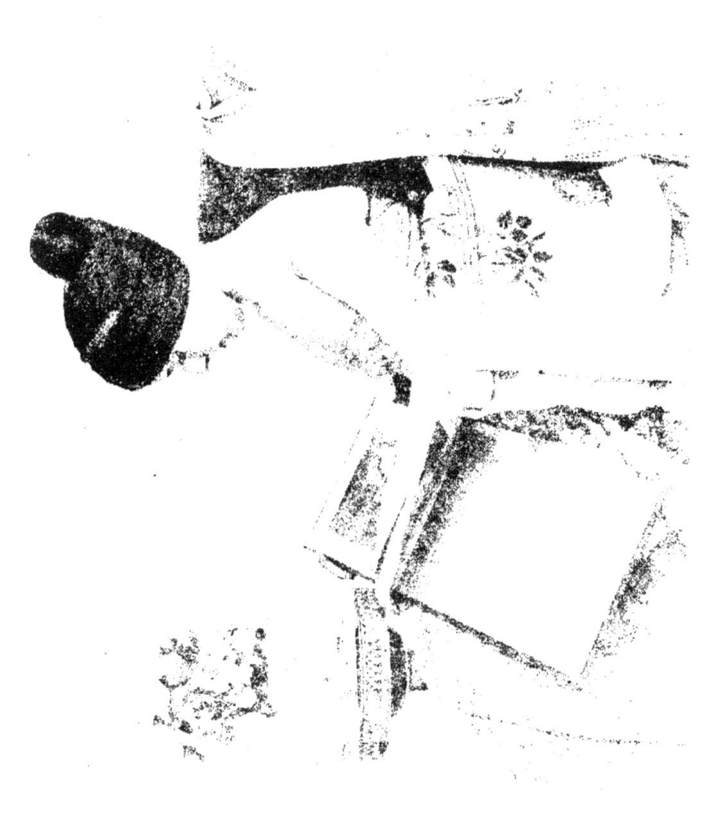

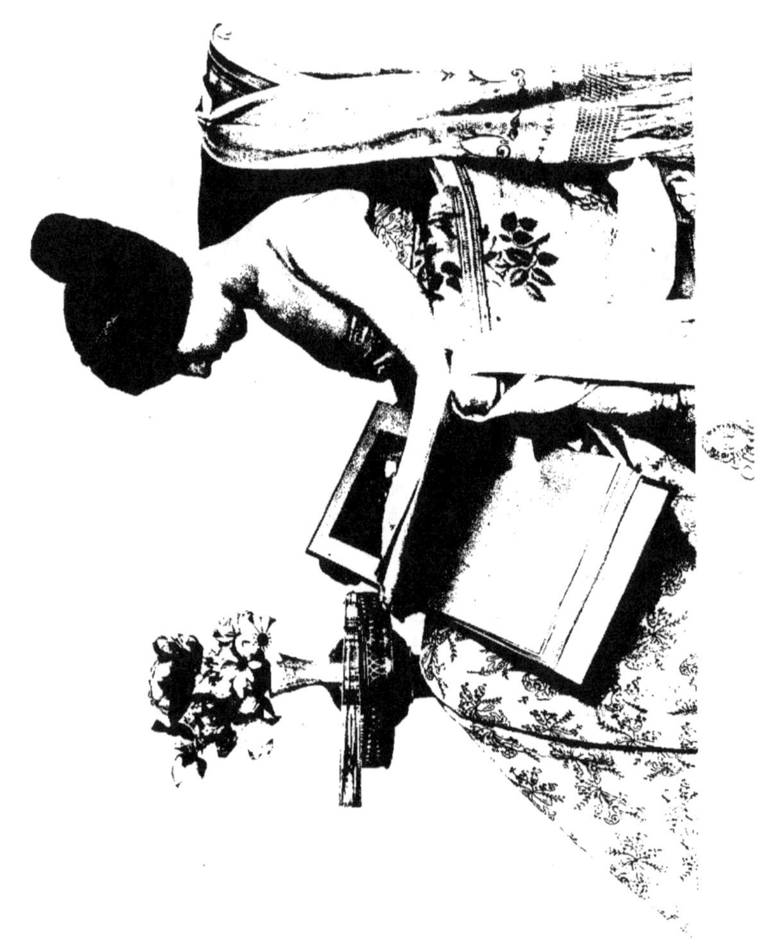

Enfin l'œil est naturellement sollicité à suivre les lignes principales du tableau et à se diriger vers leur point de fuite.

Tous ces éléments d'intérêt peuvent se trouver réunis; supposez une paysanne en bonnet et tablier clair, placée près d'un ton noir, au détour d'un chemin. Un tel ensemble ne saurait occuper une place arbitraire; centre d'intérêt par lui-même, il devra coïncider avec le centre de stabilité esthétique du tableau.

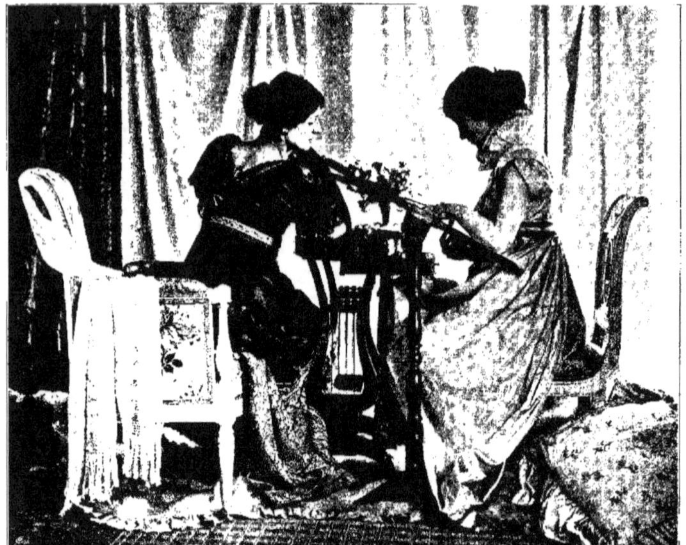

Il résulte de tout ceci que dans les scènes animées, portraits ou groupes, l'unité du motif est tout naturellement obtenue; il ne reste qu'à accentuer cette unité par la disposition discrète des alentours, par un placement habile des tons extrêmes et des oppositions les plus marquées. S'il s'agit d'un paysage, la difficulté est beaucoup plus grande, la rencontre inopinée d'un tableau tout fait étant une de ces bonnes fortunes sur lesquelles on ne saurait compter. Il est quelques ressources auxquelles on peut recourir : l'emploi des figures en est une, mais à condition de traiter celles-ci comme des taches appelées uniquement à donner les contrastes nécessaires en certains points déterminés.

Pour continuer cette revision rapide des lois générales de l'esthétique, rappelons que toute composition doit être équilibrée. Il est également admis que cet équilibre doit être asymétrique et que le centre de stabilité ne doit pas coïncider avec un point faible du tableau. On arrive à cet équilibre par le balancement des lignes obliques, par l'usage judicieux des lignes verticales ou horizontales. Les tons interviennent également ici: un ton important déplace en effet vers lui le centre de gravité de l'ensemble; s'il est haut placé, il peut compromettre l'équilibre et demande à être lui-même balancé.

L'ensemble de tons obéit de plus à une loi d'harmonie; tout ton isolé dominant en valeur détonne s'il est seul; il a besoin d'être accompagné par des tons voisins, subordonnés en valeur et en importance, et d'être, en outre, relié à la gamme générale employée par des notes intermédiaires. C'est l'objet des rappels.

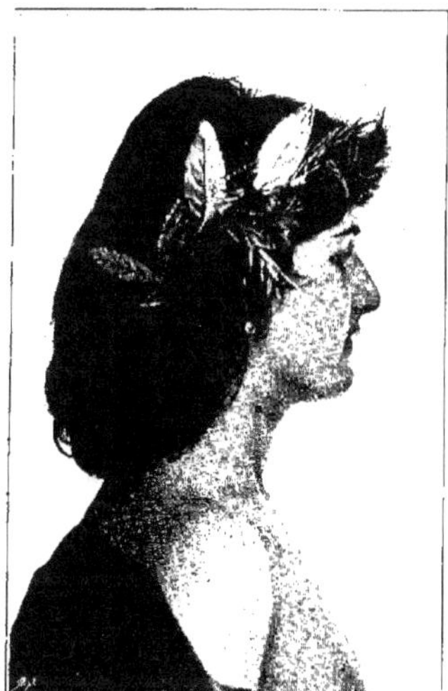

Nous aurons à invoquer ces lois d'équilibre et d'harmonie lorsqu'il s'agira de rechercher d'après quelles bases doit être constitué le mobilier de l'atelier photographique et je me borne à les mentionner ici. Il serait cependant aisé de prendre pour exemple quelques-unes des images ci-jointes et de montrer comment ces lois s'y trouvent appliquées plus ou moins judicieusement. On trouverait également sans peine nombre de cas où elles ont été trop négligées par inattention ou maladresse. Il n'est pas facile, en somme, d'arriver du premier coup à une composition correcte et la traduction photographique d'un motif amène des surprises. Quoi d'étonnant d'ailleurs? C'est seulement alors qu'il a couvert sa toile que le peintre aperçoit nettement les retouches, les suppressions, les additions à faire: on aurait tout avantage à procéder de même et à recommencer un sujet après examen attentif du résultat: mais combien d'amateurs ont cette vertu?

S'il faut prendre un exemple, considérez la planche intitulée *Grave affaire*. Le centre d'intérêt est constitué par l'ensemble des deux têtes et du chapeau. Ce chapeau donnait une note blanche dominante un peu trop élevée et trop excentriquement placée; elle a été balancée diagonalement, par rapport à la ligne générale des personnages, au moyen des dentelles claires du carton posé sur le tapis. D'autre part, il était nécessaire de relier la note blanche du chapeau à l'ensemble assez foncé des fonds; les blancs des chairs contribuaient déjà à cet office: on a achevé la liaison par les blancs, assourdis un peu, des fleurs.

Pareillement, dans la Planche intitulée *Étude*, on voit aisément quel rôle joue, dans l'équilibre des lignes, l'écharpe pendante au dossier du fauteuil et, dans l'harmonie des tons, les deux marguerites blanches du bouquet.

Je me garderai bien de poursuivre une pareille analyse. Si l'on m'accusait de trouver

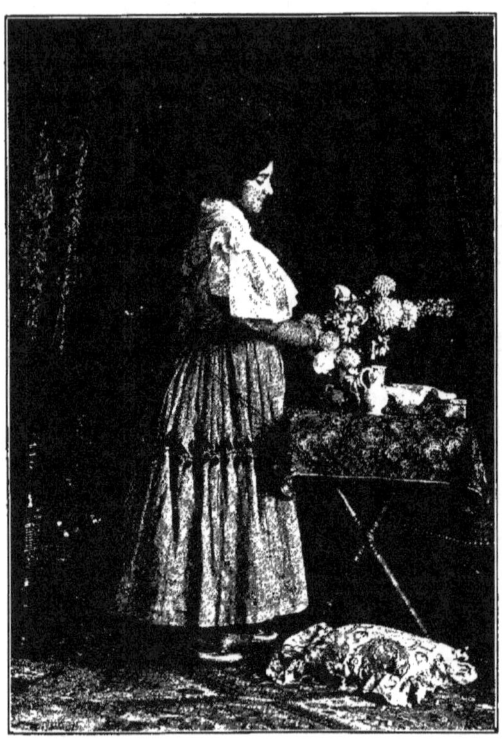

après coup toutes ces remarques, se tromperait-on tant que cela? et puis-je prétendre qu'en disposant un motif j'ai constamment présentes à la pensée les lois qui régissent l'esthétique? En fait, il n'en est rien; je me rends parfaitement compte que si, au moment d'ouvrir l'objectif, je lance à terre un coussin blanc ou corrige une draperie du doigt, c'est d'un mouvement presque purement réflexe que l'œil commande directement à la main. Et cela se passe toujours ainsi, lorsque vous vous arrêtez séduit par

3

un paysage et que vous avez la sensation qu'il fait tableau, soyez sûr que l'ensemble des lignes et des tons obéit, au moins en gros, aux lois générales d'équilibre et d'harmonie. Il a suffi que l'étude ait peu à peu formé votre vue. La connaissance de ces lois vous apprendra toutefois à ne pas vous contenter de l'impression première, à analyser celle-ci, à distinguer dans le détail des éléments de la composition ce qu'il convient de modifier pour parachever le motif ébauché; et il ne restera plus qu'à demander à votre habileté pratique de traduire votre impression avec toute la justesse et toute la saveur désirables.

Mais il convient de ne pas oublier que science technique ou connaissances esthétiques sont choses vaines en elles-mêmes, que toute culture est stérile à qui le germe fait défaut et qu'il n'est ici qu'un principe de vie, la personnalité de l'opérateur. Un don naturel, un tout petit don, est par suite nécessaire: je me hâte d'ajouter qu'il est, par bonheur, plus répandu qu'on ne le dit; peu importe d'ailleurs qu'il soit ou non : la divine illusion n'est-elle pas là, toujours prête à éclairer nos travaux et à garantir, dans leur intégrité, aux adeptes consciencieux de la Photographie, les jouissances intimes auxquelles ils ont droit de prétendre?

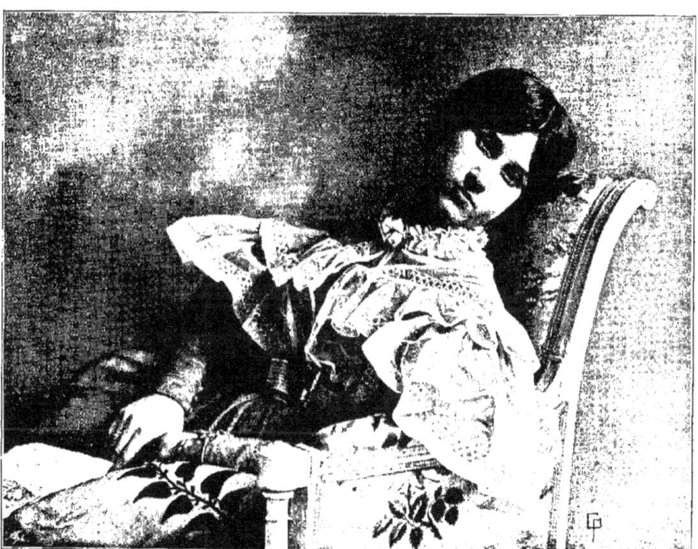

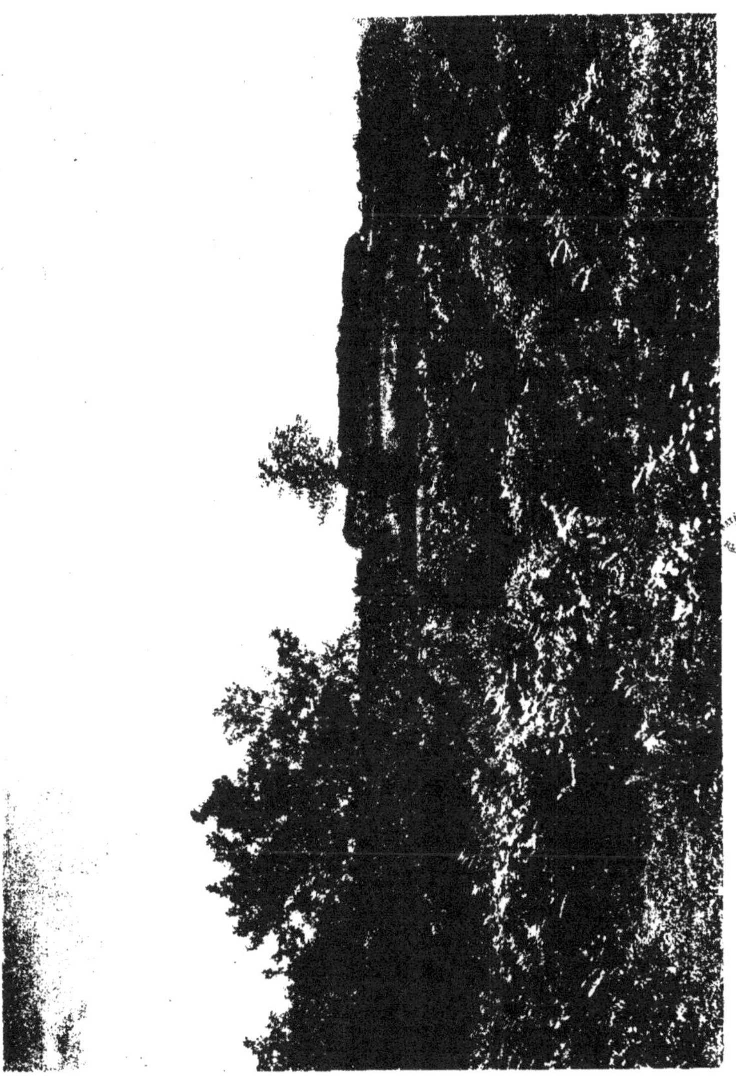
Lande. Lusitanne

DU PAYSAGE.

Un certain nombre de motifs de paysage échappent à la traduction photographique comme, du reste, à toute traduction en noir et blanc. Ce sont ceux dans lesquels l'effet résulte de la combinaison de valeurs équivalentes se distinguant seulement par leur coloration.

En somme, tous les genres d'effets se ramènent à deux; les effets de monotonie et les effets de contraste. Dans les premiers, les valeurs employées font partie d'une même gamme de tons peu étendue, gamme moyenne ou gamme extrême; dans les seconds, tout le clavier des tons intervient.

Prenons, comme exemple du premier genre, un effet de printemps où des verdures

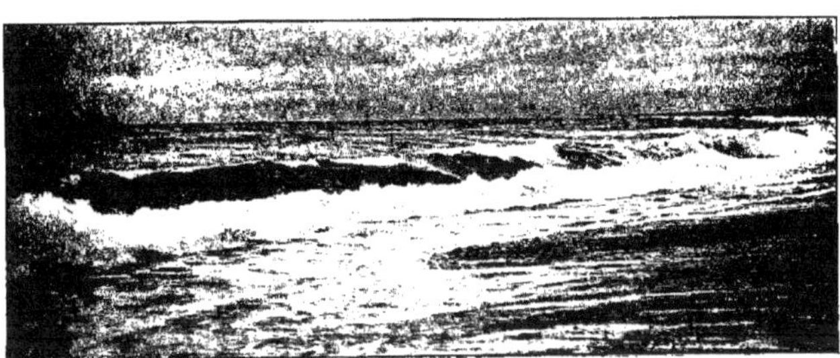

claires et légères se marient à un ciel d'un gris vaporeux; l'effet est constitué ici par un accord de nuances ayant des valeurs comparables et l'on conçoit qu'il ne soit pas susceptible d'être rendu par des tons de même couleur; parmi les effets de ce genre peuvent seuls être représentés en noir et blanc ceux qui sont à la fois, pardonnez ces mots barbares, monotones et monochromes, tels un effet de brouillard, un effet gris d'hiver.

Le ton n'existe que par le contraste des valeurs; aussi les effets dans lesquels on fait appel à tout le clavier des tons se prêtent-ils parfaitement à une interprétation photographique, interprétation facile lorsque l'ensemble du paysage se compose de couleurs voisines et tend vers le camaïeu, ainsi qu'il en est à certaines heures ou durant certaines saisons; malaisée, au contraire, lorsque les couleurs du motif sont douées de pouvoirs actiniques très différents.

Ici se place la question du traitement du ciel en photographie. Comme il n'est pas de tableau sans un effet et pas d'effet sans que le ciel ne soit appelé à donner sa note, il est impossible d'admettre qu'on se contente de représenter celui-ci par une surface unie et blanche. Parfois, dans certaines régions, au bord de la mer, dans les pays marécageux ou crayeux ou sablonneux, les rapports entre les terrains et le ciel pourront être obtenus assez facilement en valeurs à peu près exactes, et, quand la note blanche extrême est en dehors du ciel, on peut tenir le paysage comme fait, en tant qu'accord de tons. D'autres fois, quand le ciel sera lourd et chargé et que le soleil viendra en même temps éclairer les terrains, les résultats donnés par le cliché approcheront assez près du but pour que l'emploi de quelques artifices de tirage suffise à mettre les valeurs au point. Mais, comme le cas se présentera souvent d'un ciel sans nuage allié à des terrains de verdure, on peut se demander quelle conduite tenir en pareille occurrence. Deux solutions sont possibles : s'abstenir ou ajouter un ciel à l'épreuve positive. L'abstention peut se justifier et, personnellement, je la pratique la plupart du temps à moins que le motif ne soit bien séduisant. Non que cette opération, qui consiste à superposer aux terrains un ciel étranger, puisse choquer, en quoi que ce soit, mes principes; en art, le résultat seul importe; seulement, il faut bien de l'habileté pour que l'opération ne soit pas visible; en fait, elle l'est presque toujours; et bien du savoir-faire pour que l'effet général ne soit pas faussé; il l'est quelquefois. L'emploi de ce procédé exigeant une exécution minutieuse, on peut se demander si l'on a des chances suffisantes d'être rémunéré de ses peines et s'il convient, en principe, d'exiger de son instrument plus qu'il ne saurait naturellement donner. J'avoue que là-dessus j'ai des doutes et quelque répugnance pour ces ouvrages de marqueterie. Aussi bien, rien ne vous oblige à ouvrir votre objectif: ne vaut-il pas mieux attendre un moment favorable, noter le point de vue et passer.

Il me semble en effet illusoire de compter tirer d'un paysage tout ce qu'il peut donner, sans étude préalable et d'espérer atteindre à de bons résultats si l'on n'a pas procédé d'abord à des reconnaissances systématiquement conduites dans un ordre d'idées déterminé. L'art des reconnaissances est presque tout l'art des paysagistes, et voici, il me semble, comment on peut le concevoir :

Étant donné que l'on dispose de deux éléments d'expression, la ligne et le ton, dont l'importance relative, dans la composition, varie naturellement suivant l'idée particulière de l'artiste, les genres de paysages se ramènent à deux.

1° Ceux où domine l'importance de la ligne, c'est-à-dire ceux qui valent principalement par la beauté du dessin.

2° Ceux qui, sans avoir de lignes bien typiques, sont cependant, et par là même, éminemment propres à servir de soutien à une combinaison de tons ou, en d'autres termes, à un effet déterminé.

Enfin, on peut y ajouter, en troisième lieu, les coins de nature qui par leur disposition se prêteraient à servir de décor à une scène animée. De là, en somme, trois ordres d'idées distincts qui peuvent servir de guide aux reconnaissances.

Quand se présentera un paysage de la première catégorie, les éléments secondaires qui resteront à déterminer seront d'abord le point de vue, puis l'éclairage. La recherche du

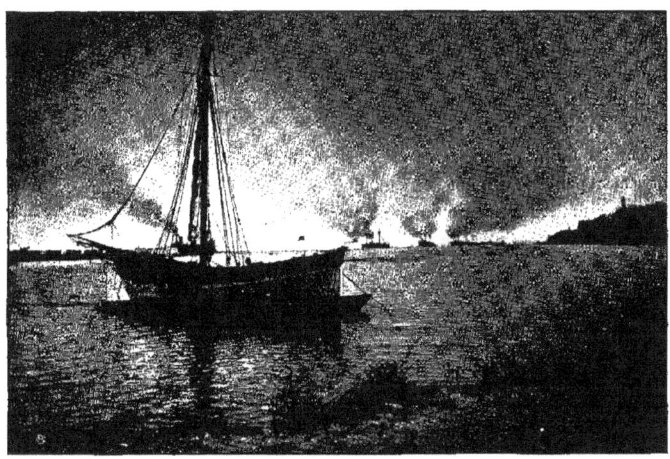

meilleur point de vue est chose minutieuse, une variation de quelques centimètres pouvant modifier sensiblement l'aspect du motif; après quelques tâtonnements, on arrive à le fixer et il paraît alors s'imposer impérieusement; de là la convenance de pouvoir élever son appareil au-dessus du sol à la hauteur où se trouve l'œil. Le point de vue choisi, il reste à rechercher quelle atmosphère, quelle inclinaison du Soleil contribueront le mieux à faire valoir les lignes, à détacher les plans, à faire fuir les lointains, à assurer, en un mot, la puissance et l'unité de la composition. Ceci est affaire d'habitude et d'observation. On étudiera en même temps ce qui pourrait être nécessaire pour achever la bonne tenue du paysage, quel accessoire, être animé ou objet mobile, serait utile pour amener l'intérêt au point convenable.

On trouvera des motifs de la seconde catégorie en s'attachant de préférence à la recherche de paysages aux lignes simples et un peu étalées, sans détails compliqués qui pourraient retenir l'intérêt aux dépens de l'effet lui-même; le rôle des divers éléments du paysage doit être principalement ici de donner les quelques taches que l'on juge nécessaires — masse sombre d'un bois, reflet clair d'une mare — à la mise en valeur de l'effet particulier que l'on a en vue, effet de brouillard, effet de soir, effet de ciel orageux. Les pays bas, humides et marécageux, les bords de rivières sont éminemment propres à ce genre d'étude parce qu'ils donnent naturellement les rappels convenables entre le ciel et les terrains.

Enfin, l'on rencontrera sur sa route des coins, des fragments de tableaux sans valeur par eux-mêmes, qui par la simplicité des lignes, par la bonne distribution des ombres et des lumières, se prêteront à servir de milieu à des scènes rustiques. On tâchera par la pensée d'imaginer ces scènes et il ne restera plus qu'à se procurer les modèles nécessaires, hommes ou animaux, sans oublier le rôle important que doit jouer ici la couleur propre des costumes ou des robes.

Comprise ainsi, la pratique du paysage peut être vraiment pleine d'intérêt, et c'est uniquement par cette voie que l'on peut espérer atteindre un résultat artistique.

Je ne puis m'étendre davantage sur ces questions, et je terminerai en insistant sur la nécessité de surexposer toujours quand on le peut: c'est chose aisée d'ailleurs, même avec des expositions courtes, en raison de la rapidité des plaques et des objectifs existant actuellement et c'est le seul moyen de pouvoir, par un développement bien conduit, atteindre à la justesse dans la reproduction des valeurs.

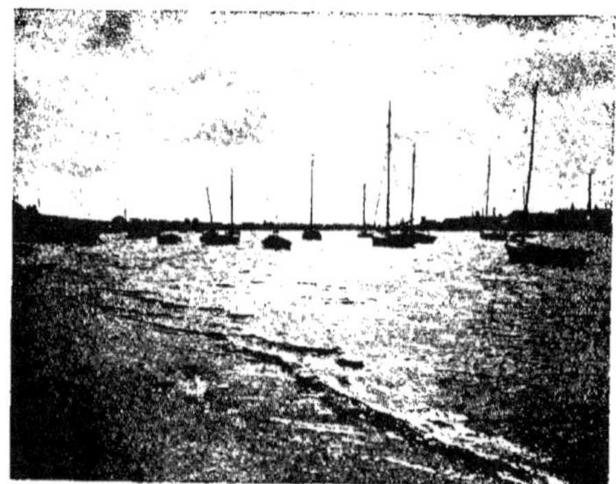

DE L'ATELIER.

L'ÉCLAIRAGE DES FIGURES.

L'atelier photographique n'étant pas par lui-même un milieu doit être avant tout envisagé comme un instrument permettant de réaliser toutes les combinaisons d'éclairage et, rationnellement, le seul genre qu'on y puisse aborder est l'étude de la figure dégagée de

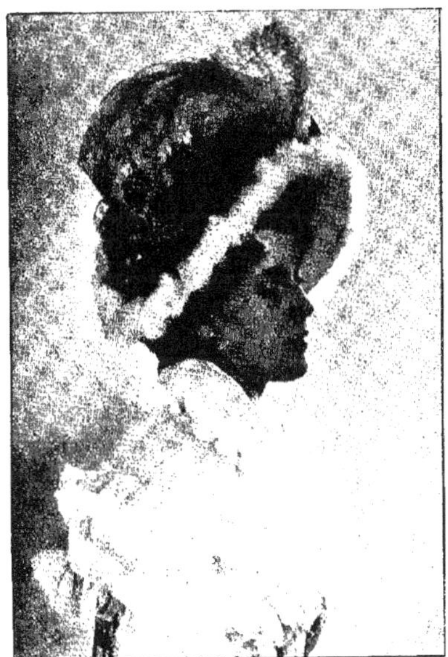

tout milieu caractérisé. Cependant, comme l'atelier constitue, en somme, un endroit fermé, aucun principe essentiel n'interdit d'y rassembler des portants, des tables, des chaises, des tapis, d'y arranger un coin de salon ou de chambre et d'y exécuter certaines scènes d'intérieur.

L'atelier devrait être, par suite, disposé de manière à produire aisément, par des manœuvres simples, tous les modes d'éclairage utiles à la pratique de ces deux genres : étude de la figure et tableaux d'intérieur. Pour ceux-ci, un simple vitrage latéral peut suffire aux besoins : car, du moment que vous caractérisez le milieu, l'éclairage cesse d'être arbitraire, il devient un des éléments de la composition et doit contribuer, pour sa part, à la vérité de l'effet. Or, dans une chambre, la lumière affecte une certaine allure toute spéciale; elle se trouve limitée comme inclinaison et a un mode de répartition, de dispersion particulier, résultant du conflit de deux ou plusieurs sources lumineuses nettement distinctes qui sont les fenêtres.

Pour ce motif, il y a tout avantage, en somme, à photographier les sujets d'intérieur dans les intérieurs mêmes; là, en quelque endroit que l'on place le modèle, l'effet sera toujours juste sinon harmonieux. Mais, si vous vous servez de l'atelier, il devient nécessaire de disposer l'éclairage comme il l'est naturellement dans une chambre; le vitrage supérieur devient inutile; s'il existe, il faut le couvrir, et le vitrage latéral permettra tous les effets possibles lorsque vous l'aurez sectionné en ouvertures séparées faisant office de fenêtres.

Si le moindre vitrage suffit à réaliser tous les effets admissibles dans les sujets d'intérieur, il n'en est plus de même quand il s'agit d'éclairer des études de figure. J'entends par là l'étude d'une tête, d'un personnage en mi-corps ou en pied, d'un geste, d'un mouvement, d'une attitude. Ici, le milieu est vague et indéterminé; les fonds, neutres, comme les accessoires, très rares et très discrets, sont entièrement subordonnés à la figure: ils n'interviennent plus que pour compléter l'équilibre des lignes et l'accord des tons. Toute combinaison d'éclairage devient alors légitime et le but à atteindre justifie les moyens employés.

Ce but est double, à ce qu'il me semble. D'abord, et d'une façon générale, on peut se proposer, en combinant habilement le mode d'éclairage à la couleur propre des divers éléments de la composition, d'obtenir une bonne harmonie de valeurs et un placement avantageux des oppositions principales. On doit chercher ensuite par l'emploi judicieux de l'éclairage et de la pose à dissimuler le défaut des figures et à mettre en évidence les éléments de beauté ou de caractère qu'elles peuvent contenir. Pour cela, la lumière est une grande magicienne. Retrousser un nez ou l'amincir, en redresser l'arête, creuser une orbite, adoucir la saillie d'une pommette, elle le peut aisément. Mais, pour atteindre ces résultats, pour arriver en quelque sorte à pétrir une figure à coups de lumière et d'ombre, comme à coups de pouce une maquette de cire, il est nécessaire de disposer de ressources complètes, et c'est à l'atelier de les fournir.

L'atelier photographique, tel qu'on le trouve tout construit d'ordinaire, est-il un instrument complet, souple et commode? Nous allons examiner la question en précisant d'abord les termes du problème.

Éclairer une figure, c'est faire tomber sur elle, venant de directions variées, un certain nombre de faisceaux lumineux, directs ou réfléchis, plus ou moins violents et plus ou moins épanouis, dont le conflit produit le modelé des traits. La direction de ces faisceaux et leur nombre peuvent être quelconques, mais leur intensité relative doit obéir à une loi, la seule, il me semble, à laquelle tout éclairage soit soumis; il faut que l'un des faisceaux employés soit nettement dominant en intensité et que tous les autres lui soient naturellement subordonnés. Remarquez d'ailleurs, en passant, que ce principe n'a rien d'arbitraire et qu'il est la conséquence directe de la loi plus générale de l'unité de l'effet.

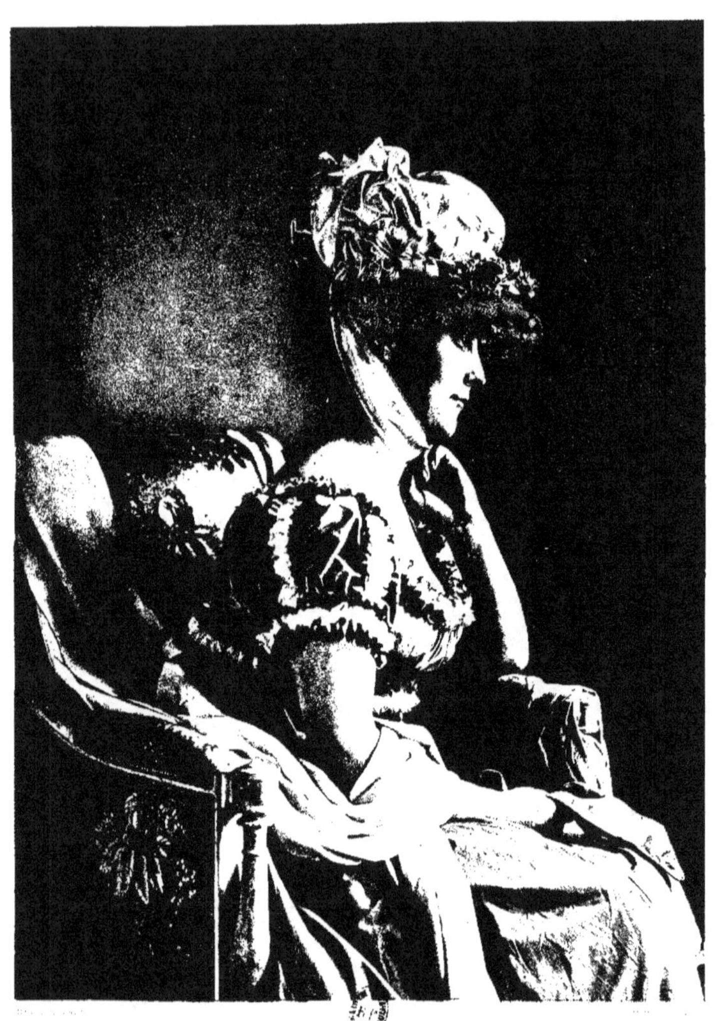

Portrait

L'atelier doit donc permettre : 1° de faire tomber sur la figure un faisceau dominant qui donnera les grandes ombres et les grandes lumières et ébauchera le modelé; 2° d'achever le détail du modelé par des faisceaux directs ou réfléchis, provenant de directions et doués des intensités convenables.

Si vous admettez cette définition très générale, il en faudra conclure que le meilleur atelier est simplement celui qui a le plus d'ouvertures. Une cage vitrée suspendue en

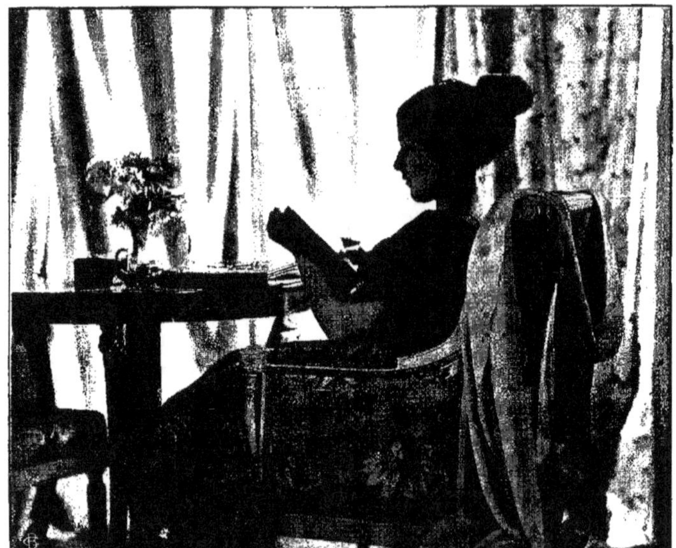

l'air doit être l'atelier idéal. Certes, une telle disposition est difficile à réaliser, mais entre un pareil type et ceux dont on trouve l'étonnante description dans les livres spéciaux, ateliers en tunnels ou autres, on peut imaginer des modèles intermédiaires, très exécutables et offrant dans la pratique toutes les ressources nécessaires.

L'atelier photographique que l'on construit communément reproduit, en somme, le modèle ancien, dont l'établissement répondait à la double préoccupation, jadis légitime, d'éviter une pose trop longue et des oppositions trop fortes. Il est fait pour donner une lumière intense et très diffusée. On y trouve d'ordinaire un vitrage latéral, ouvert au nord, prolongé sur la toiture par un vitrage supérieur, ou bien simplement un vitrage unique incliné : les deux dispositions sont, en pratique, équivalentes; on peut les estimer

4

insuffisantes. Remarquez, en effet, qu'elles ne sont pas susceptibles de nous donner ces faisceaux de lumière multiples et indépendants dont je parlais tout à l'heure; en fait, ce vitrage unique, en ligne droite, continu, avec ses rideaux plus ou moins transparents, ne peut vous donner qu'un seul faisceau très épanoui, qui sera forcément le faisceau dominant: les deux autres lumières qui contribueront au modelé, à savoir la lumière diffuse de l'atelier et la lumière réfléchie par les écrans voisins du modèle, n'ont aucune indépendance, ni comme direction, ni comme intensité, puisqu'elles sont fonction de la lumière provenant du vitrage. Cela peut suffire pour un éclairage normal; mais s'il s'agit d'obtenir un contre-jour, il vous faut, de toute nécessité, outre le faisceau dominant qui frappe le modèle par derrière, des faisceaux de direction opposée pour modeler tout le motif en demi-teinte. La création de sources lumineuses distinctes s'impose donc et, pour les obtenir, il n'est qu'un moyen : sectionner le vitrage en zones obscures alternant avec des zones éclairantes, celles-ci ayant des largeurs et des intensités variées et fournissant les faisceaux séparés nécessaires au mode d'éclairage choisi. Ce sectionnement s'opérera au moyen de rideaux opaques combinés avec les rideaux transparents de l'atelier. J'ajouterai en outre que les dispositions de l'atelier classique seraient également complétées de façon heureuse par la création d'ouvertures dans les deux petits côtés de l'atelier et par l'établissement d'un grand vitrage dans le grand côté qui regarde le midi. Mais tout ceci demande à être justifié.

L'éclairage employé, normal, oblique, à contre-jour, est caractérisé par la direction du faisceau dominant. Cette direction, comme toute droite dans l'espace, peut être définie par les angles qu'elle fait respectivement : 1° avec le plan horizontal; 2° avec un plan vertical à déterminer, par exemple le plan vertical contenant les deux oreilles du modèle que je supposerai, dans toute cette discussion, la tête placée droit sur les épaules.

Le premier angle est appelé *angle d'inclinaison* et l'atelier permet de lui donner toutes les valeurs de 0° à 90° au-dessus de l'horizon; mais, en pratique, comme on est amené à rejeter les inclinaisons trop voisines de l'horizontale; que, d'autre part, les inclinaisons proches de la verticale ne se prêtent qu'à certains effets très particuliers et exagèrent les reliefs des figures, cet angle se maintient en fait aux environs de 45° dans la plupart des cas. La diversité des effets ne dépend donc pas principalement des variations de l'inclinaison, mais bien des variations du second angle défini plus haut, et il conviendrait que l'atelier permît de faire tourner cet angle de 360°, ou tout au moins de 180°.

Soit la projection horizontale d'une tête: AV la trace horizontale du plan vertical passant par les deux oreilles, et ω l'angle que fait la direction de la lumière dominante avec ce plan. Supposons le modèle offrant le profil droit à l'objectif.

Quand ω est très petit, le profil se trouve éclairé et les oppositions sont minima: ces oppositions augmentent lorsqu'on fait croître ω jusqu'à 90°. Quand on dépasse 90°, on obtient des effets de lumière frisante, la plus grande partie de la figure est dans l'ombre, la lumière tangente à la ligne de profil accroche encore les reliefs du front, de la pommette et de la joue; puis l'angle ω continuant à croître, toute la figure entre dans l'ombre, le profil demeurant ligné pendant quelque temps encore : c'est la période des contre-jours.

On voit immédiatement que la création d'ouvertures dans les petits côtés de l'atelier

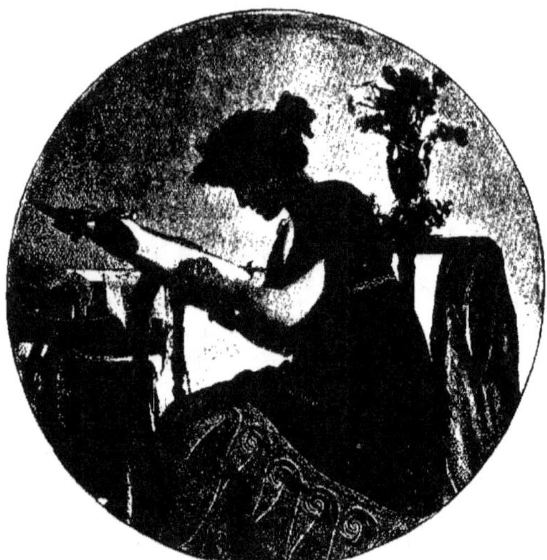

donnerait la faculté d'opérer cette rotation de 180° de l'angle ω sans déplacer le modèle ni l'appareil. Une telle disposition serait donc avantageuse.

Si elle n'existe pas, on peut arriver, il est vrai, au moyen du seul vitrage latéral, à réaliser à peu près complètement cette rotation, mais alors il faut déplacer systématiquement le modèle et l'appareil. Il faut, en outre, avoir recours au sectionnement du vitrage en zones éclairantes distinctes, ainsi que nous le disions tout à l'heure.

Voici une disposition assez simple : elle consiste à fixer sur le vitrage, vers la région moyenne, un rideau opaque de 2ᵐ environ de largeur et à placer le modèle à hauteur de ce rideau.

Soit le plan horizontal de l'atelier, *rr'* le rideau opaque, *o* et *o'* les deux ouvertures libres du vitrage; il est bien entendu que ces deux ouvertures sont munies de rideaux transparents, mais, comme il serait illusoire d'en vouloir préciser la manœuvre, je laisserai à ma description un caractère schématique : l'appareil est en A, le modèle en m offrant toujours le profil droit à l'objectif.

Ceci posé, en déplaçant le modèle parallèlement à lui-même et au rideau, suivant $m\,m_1\,m_2$, on peut donner à l'angle ω toutes les valeurs de 0° à 180°. Si l'on déplaçait le rideau au lieu du modèle ce serait exactement la même chose, mais, en pratique, il vaut mieux déplacer le modèle et se servir en même temps, pour arriver à l'effet juste, de légers mouvements, soit de déplacement, soit d'extension, soit de reploiement du rideau.

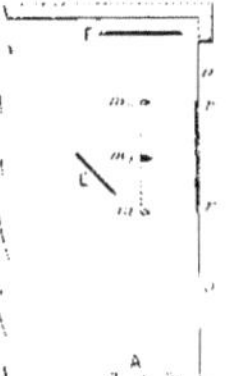

Au premier moment, le modèle est en m, à hauteur de l'extrémité r du rideau : fermons la fenêtre o' et jouons des rideaux transparents de la fenêtre o. Nous avons un profil éclairé avec des oppositions fortes, l'angle ω est voisin de 90°. Déplaçons le modèle de m vers m_1, les oppositions décroissent : en m_1, par exemple, la combinaison de la fenêtre o et de l'écran donne un angle ω très petit.

En somme, déplacer le modèle en m, m_1 équivaut à donner à ω des valeurs comprise entre 90° et 0° : c'est la période des éclairages normaux et obliques.

Le modèle étant en m_1, éteignons fortement la fenêtre o et ouvrons la fenêtre o' : le fond placé en F est violemment éclairé, tout le profil est dans l'ombre et l'angle ω voisin de 180°, nous avons un contre-jour que nous modelons par la fenêtre o et par l'écran.

Continuons à déplacer le modèle de m_1 vers m_2, la fenêtre o toujours ouverte : à un certain moment le profil se trouvera ligné, puis les rayons de la fenêtre o, tangents au profil, accrocheront les saillies du front et de la joue droite : nous entrerons dans la période des éclairages à lumière frisante.

Déplacer le modèle de m_1 à m_2, en faisant prédominer la lumière de la fenêtre o', revient donc à donner à l'angle ω des valeurs comprises entre 180° et 90°.

Pendant tous ces mouvements, l'appareil placé en A pourra être également déplacé si cela est nécessaire.

Remarquons ici que plus la ligne m, m_1, m_2 parcourue par le modèle sera voisine du rideau, plus les contrastes seront violents; nous avons là un premier moyen de nuancer les effets.

En second lieu, dans la période des contre-jours, pendant que le sujet se déplace en m_1, m_2, notre écran pourra refléter soit la lumière de o, soit celle de o', d'où une plus grande facilité pour le modelé des demi-teintes.

Nous n'avons pas parlé du vitrage supérieur : on peut le supposer éteint également sur toute son étendue ou muni d'un rideau opaque prolongeant le rideau rr.

La méthode que je viens de décrire dans son application à un cas très simple, et que j'appellerai, pour lui donner un nom, *méthode des sectionnements*, se prête à des combinaisons multiples et permet les modes d'éclairage les plus complets, les façons de sectionner le vitrage pouvant être diversifiées à l'infini.

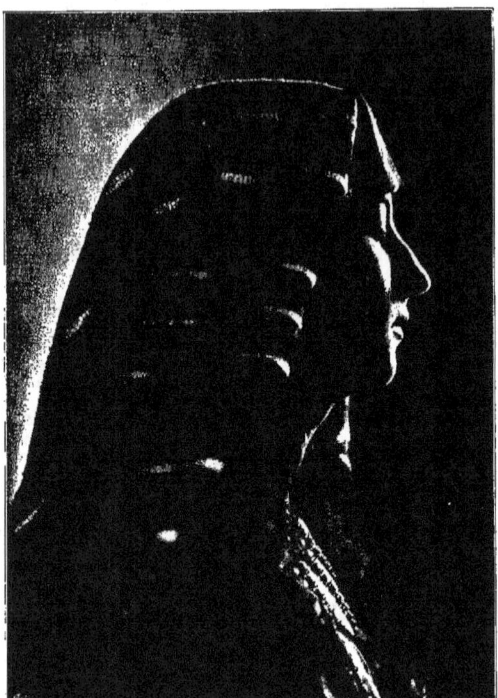

S'il vous est jamais arrivé d'opérer dans une chambre ordinaire, éclairée par deux ou trois fenêtres d'enfilade, vous avez sans doute été frappé de la multiplicité des jeux de lumière qui se succèdent sur la figure du modèle quand il se déplace et de la facilité avec laquelle, par un jeu très simple de rideaux, on arrive à mettre le modèle à point. En jetant les yeux sur le plan (*fig.* 2) vous y trouverez l'explication des faits ainsi constatés, car ce plan peut représenter également une chambre qu'éclairent deux fenêtres séparées par un plein.

J'ajouterai, à titre de simple renseignement, que toutes les épreuves contenues dans cette plaquette ont été faites dans une chambre analogue. Comme les fenêtres de cette chambre s'ouvrent à l'ouest, j'y trouve un avantage qui me ferait défaut dans un atelier ordinaire, la présence du soleil à partir de midi. Ici je vais heurter peut-être certaines opinions généralement admises, mais je sais également, par une expérience de tous les jours, que le soleil ne m'importune jamais ; je l'utilise quand il me plaît et, s'il se voile derrière les nuages, je me sens gêné comme un violon privé de sa chanterelle.

Essayons de justifier brièvement cette opinion particulière.

DU SOLEIL DANS L'ATELIER.

Les rayons du soleil peuvent être utilisés sous trois formes : à l'état de rayons diffusés, à l'état de rayons directs, à l'état de rayons réfléchis.

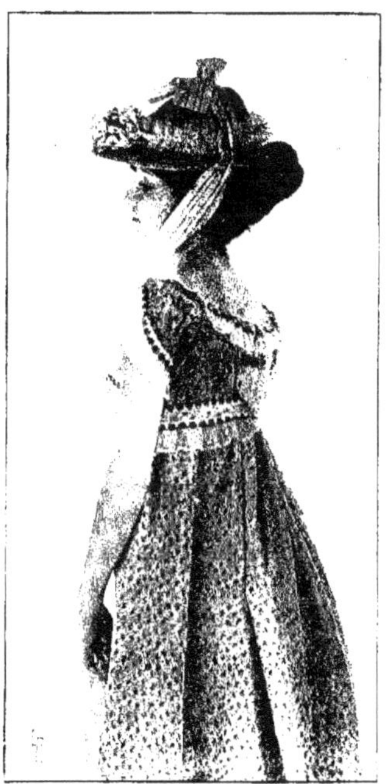

Examinons le premier cas : dans l'atelier, tout se passe en somme comme si la lumière émanait du vitrage même, assimilé à une surface lumineuse. J'ai montré d'autre part que tout éclairage complexe exigeait le sectionnement du vitrage en zones éclairantes distinctes et de puissances variées. On conçoit, en outre, que la diversité des éclairages employés résulte de la variété des combinaisons auxquelles se prêtent ces deux éléments, surface et éclat des zones ainsi créées. La dimension des surfaces éclairantes est réglée par le jeu des rideaux opaques, tandis que l'éclat ou la puissance lumineuse par unité de surface dépend du degré d'opacité des rideaux transparents. Dans l'atelier ordinaire cette puissance lumineuse par unité de surface peut varier de o jusqu'à un maximum qui correspond au vitrage découvert et recevant le jour du nord.

Ceci posé, si à ce jour atténué venant du

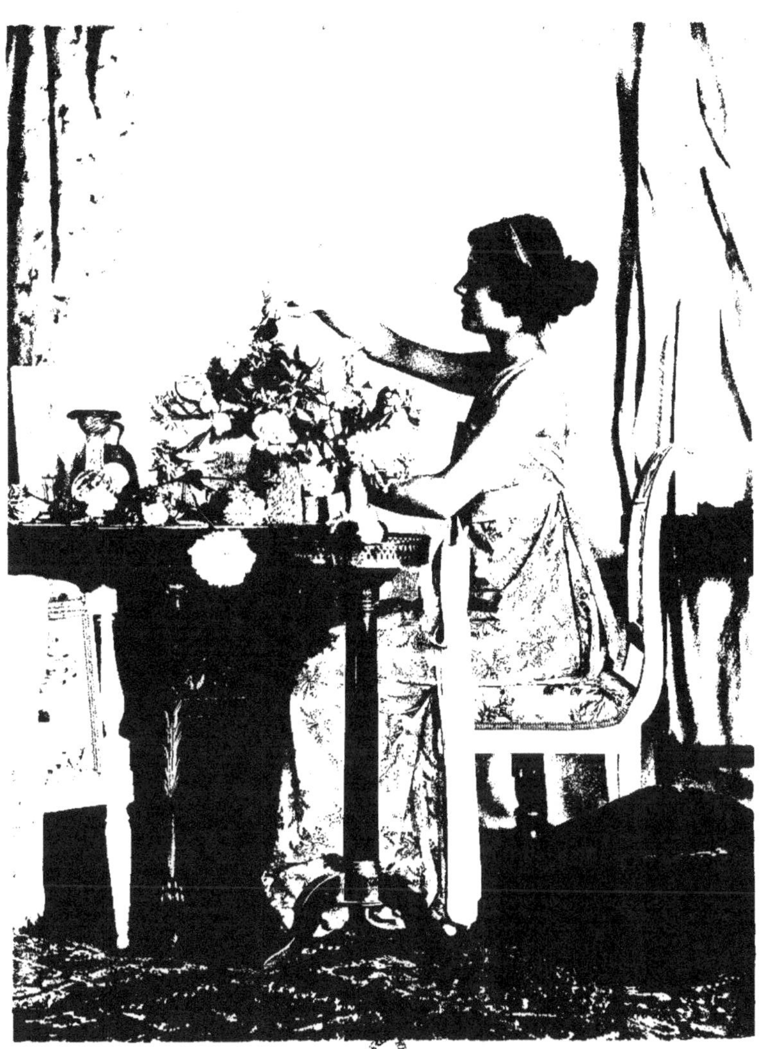

Bouquet blanc

nord vous substituez la lumière plus vive fournie par un faisceau solaire reçu et diffusé sur des mousselines claires, le maximum d'éclat par unité de surface en sera augmenté de façon notable et la gamme des intensités lumineuses que peut donner le vitrage se trouvera du coup notablement étendue.

Il est facile de concevoir l'avantage qui en résultera; on peut le résumer en cette

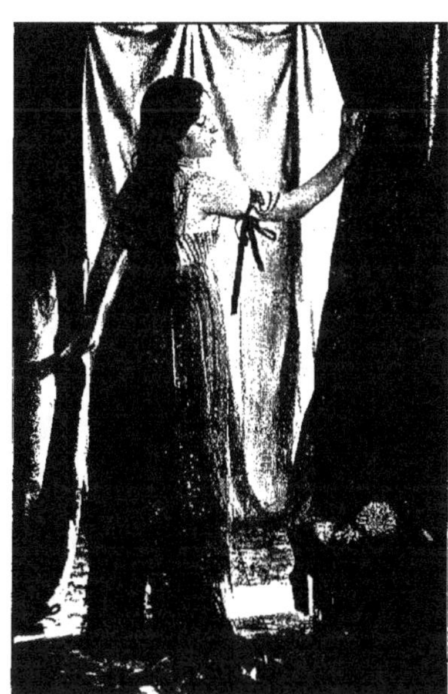

formule : faculté de faire varier dans une plus grande étendue le rapport des valeurs respectives des deux éléments, surface et éclat des zones lumineuses, qui contribuent à la diversité de l'éclairage, et, en particulier, faculté d'user, pour les éclairages contrastés, de faisceaux à la fois très puissants et très resserrés.

Passons maintenant aux rayons solaires directs; leur usage servira principalement à obtenir les notes blanches au point précis où l'intervention de celles-ci sera désirable.

Je m'explique :

Deux éléments se combinent pour former chaque ton particulier, à savoir : la couleur propre de l'objet et son éclairage. Il est des cas, dans le paysage par exemple, où le photographe ne peut modifier la couleur propre des diverses parties du tableau, d'où l'importance, pour les études de plein air, du choix de l'éclairage. Dans l'atelier, il n'en est pas tout à fait ainsi et si l'on a besoin d'un ton gris, par exemple, un accessoire gris peut le fournir. Mais les tons voisins du blanc pur offrent une importance particulière; non seulement leur emploi, le plus souvent discret, s'impose dans la plupart des sujets, mais leur position dans le motif est déterminée de façon étroite. On ne saurait s'en passer, généralement du moins, parce que, dans notre infirmité, nous ne jugeons des tons que par comparaison. Si nous avons employé pour la composition d'un sujet une certaine gamme de tons, nous sommes naturellement amenés, pour situer cette gamme dans le clavier, à l'encadrer entre deux accords extrêmes. Si notre gamme employée est une gamme extrême, blanche ou noire, effet clair ou effet de nuit, il nous faut également frapper une note à l'extrémité opposée du clavier. Pierrot le sait bien qui, pour faire valoir la neige de ses vêtements et la farine de son visage, n'abandonne jamais sa calotte noire.

En second lieu, la place d'un ton tel que le blanc pur, loin d'être arbitraire, s'impose nettement, comme on sait, à des endroits déterminés. Il suffit, pour le comprendre, de se rappeler que l'un des rares moyens dont nous disposions pour attirer le regard

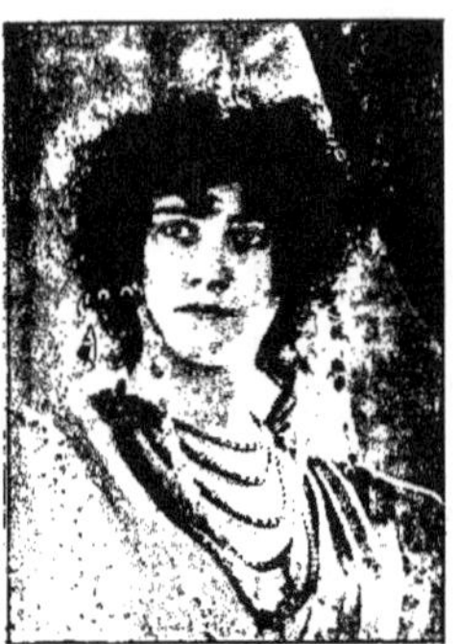

au centre d'intérêt est de placer en cette région le plus violent des accords de tons employés dans le motif, autrement dit, les notes extrêmes. Or, il n'est pas toujours possible de placer, au point convenable, un objet blanc, en l'éclairant de telle sorte qu'il donne des blancs purs. Ce sera l'avantage de l'emploi du soleil direct de pouvoir nous donner ces notes blanches quelle que soit la couleur propre de l'objet qu'il frappe et de nous les donner par suite au point précis où nous le désirons.

L'emploi du soleil entre le sujet et le fond sera, en particulier, très avantageux dans les contre-jours; quelques notes blanches placées derrière le sujet feront, par un effet naturel de contraste, paraître le contre-jour très vigoureux sans que l'on soit obligé de pousser au noir et d'empâter les demi-teintes.

On pourra également user du soleil pour nimber une chevelure, ligner un bout d'épaule: si le rayon ainsi dirigé sur le modèle produit un effet trop brutal, on le tamisera par quelque mousseline, on en limitera l'épanouissement par des rideaux foncés ou opaques, de façon à localiser son action.

Cette action localisée sera parfois utile en avant du motif principal, pour faire valoir, par exemple, le milieu, assombri à dessein, d'un intérieur d'Orient.

Si le soleil direct se prête à des effets multiples, on trouvera d'autres ressources encore dans l'emploi du soleil reflété par des écrans; grâce à lui, le reflet pourra être utilisé comme lumière dominante dans l'éclairage d'une figure; il suffira de protéger le sujet des rayons directs au moyen d'un rideau opaque, d'éteindre la lumière générale de l'atelier de telle sorte que l'ensemble du sujet soit assez faiblement éclairé, de diriger un rayon solaire dans le voisinage du sujet et de renvoyer ce rayon sur la figure, dans la direction convenable. Cette direction pourra être choisie au-dessous de l'horizon; on obtiendra ainsi des éclairages de rampe, ce qu'on ne saurait avoir autrement sans recourir à la lumière artificielle dont l'usage est toujours hasardeux. Ce mode d'éclairage de bas en haut peut être jugé impertinent et il conviendra sans doute de l'éviter dans un portrait de femme âgée, par exemple, mais il conduira souvent à des effets amusants ou même puissants.

Rien ne vous oblige d'ailleurs à employer le reflet solaire uniquement comme faisceau dominant; il peut jouer un rôle utile comme lumière secondaire pour achever un modelé

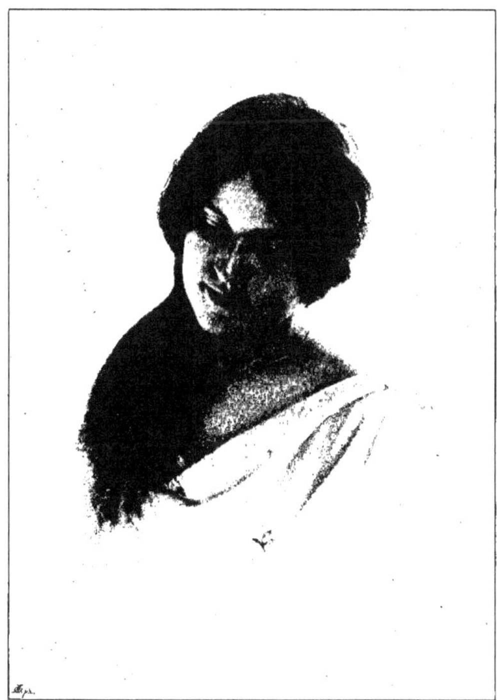

et il a l'avantage d'offrir une gamme d'intensités variées beaucoup plus étendue que celle des reflets provenant d'une lumière diffuse.

J'en ai dit assez, je crois, pour indiquer combien la multiplication des ouvertures de l'atelier, ainsi que la présence du soleil, sont de nature à augmenter la puissance des moyens dont on dispose en vue de l'éclairage des figures; il me reste, pour terminer cette question de l'éclairage, à dire quelques mots du complément de ressources que peut fournir l'emploi de la lumière artificielle.

SUR LA LUMIÈRE ARTIFICIELLE.

Il existe aujourd'hui des lumières artificielles assez actiniques pour qu'elles puissent être substituées à la lumière du jour dans l'éclairage des figures : telle est la lumière électrique dont certains photographes professionnels se servent couramment. Elle exige une installation trop considérable et trop coûteuse pour que les amateurs soient tentés d'en faire usage : ils n'en tireraient d'ailleurs pas grand profit, car, suffisante pour l'exécution d'un portrait classique, elle ne se prête pas aux multiples combinaisons d'un éclairage varié et n'égale la lumière du jour ni en souplesse ni en puissance.

Divers praticiens utilisent également, pour leurs travaux ordinaires, la lumière magnésique ; mais celle-ci n'est susceptible de donner de bons résultats que si on l'emploie en quantité considérable. J'ai vu des images obtenues au moyen de batteries de 30 à 40 éclairs simultanés par exemple, dont le modelé était fort doux ; les rayons provenant d'une large source lumineuse et réfléchis par le plafond de l'atelier, par les murs et les écrans, étaient sans doute assez puissants et assez épanouis pour créer une sorte de lumière diffuse et faire disparaître la dureté habituelle de ce genre d'éclairage. Mais on voit tout de suite que de semblables installations ne se prêtent nullement à la variété des effets : si l'on n'opère pas toujours de la même manière, si l'on ne place pas le modèle et l'appareil éclairant dans les conditions habituelles, on ignore le résultat auquel il faut s'attendre, puisqu'on ne voit pas, avant le départ des éclairs, comment la lumière agira. Je ne parlerai pas des lampes-éclairs de puissance inférieure qui se trouvent couramment dans le commerce ; leur usage ne peut être qu'un passe-temps d'après dîner et ne saurait conduire à des résultats admissibles au point de vue esthétique. Il suffit, pour en être convaincu, d'avoir jeté les yeux sur les tableaux d'intérieur ainsi obtenus, dans lesquels les personnages apparaissent découpés et plaqués contre les murs, avec des faces cadavériques et des yeux aveugles ou hallucinés : l'aspect en est véritablement sinistre.

La question change si, au lieu d'utiliser uniquement la lumière magnésique, on la combine avec la lumière du jour ; si courte que soit l'intervention de celle-ci, elle suffit pour impressionner l'ensemble de la plaque, créer une atmosphère, adoucir les ombres et faire disparaître la crudité de l'image.

Dans cette combinaison, la lumière artificielle peut jouer, soit un rôle subordonné, soit le rôle principal : intervenir dans l'éclairage, soit comme lumière secondaire, soit comme lumière dominante.

Dans le premier cas, son action ne doit pas être visible parce qu'elle fausserait l'effet. Prenons un exemple : supposez que vous ayez à photographier un intérieur éclairé par des ouvertures étroites, un intérieur de forge ou de ferme, et que des personnages

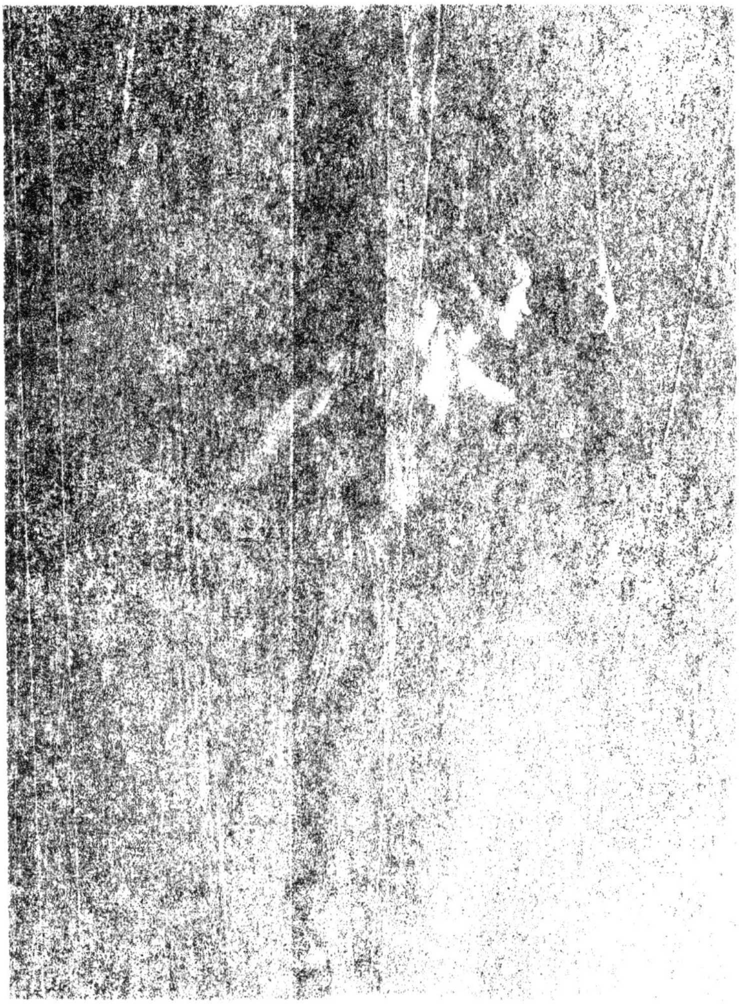

Vengeance

entrent dans la composition; pour arriver à un rendu exact et éviter des ombres et des contrastes exagérés, il vous faudrait un temps de pose incompatible avec l'instabilité du sujet. La lumière artificielle de l'éclair magnésique pourra alors intervenir utilement pour éclairer les parties trop obscures et rétablir l'harmonie. Si vous avez posé assez longtemps, cette intervention discrète sera indiscernable et comme annihilée par l'action prédominante de la lumière du jour. Ce mode d'emploi de la lumière magnésique pourra donc être parfois de quelque utilité, mais il ne conduira pas, et ne doit pas conduire, à des effets particuliers; ce sera simplement un moyen d'esquiver certaines difficultés pratiques.

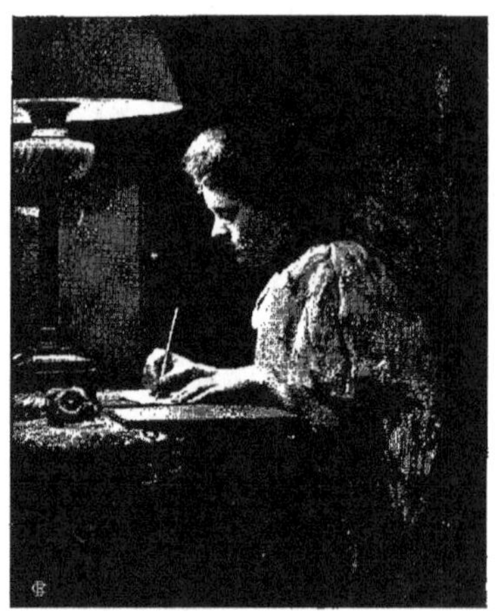

La question se présente tout autrement si vous employez la lumière magnésique comme lumière dominante. Il faut, je crois, distinguer ici deux cas, suivant que le milieu est caractérisé ou non. Si vous faites une étude de tête sur fond neutre, j'ai dit ailleurs pour quelle raison tout mode d'éclairage me semblait légitime, fût-il irréel d'aspect. Rien ne vous empêche donc, votre tête étant placée dans une lumière discrète et diffuse qui donnerait un modelé plat et sans relief, de créer ce relief en demandant les blancs et les grandes lumières à l'éclair magnésique. Vous pouvez ainsi, en plaçant la lampe à un niveau inférieur ou supérieur à celui de la tête, obtenir soit des éclairages de rampe, soit des éclairages verticaux d'aspect bizarre, qui pourront s'accorder avec le genre de figure choisi; je me représente très bien une frimousse de pierrette éclairée d'en bas et, inversement, éclairée de haut une lady Macbeth frottant les taches de sang de sa main; il me semble voir le tableau; la main éclairée à plein, mise ainsi en évidence et, se détachant de l'ombre du visage, le blanc assourdi des yeux convulsés. Je vous offre l'idée pour ce qu'elle m'a coûté, c'est-à-dire pour rien, mais on conçoit qu'il y ait là, dans cette utilisation de la lumière magnésique, un moyen d'obtenir des effets originaux.

Si vous caractérisez le milieu, comme ce milieu est forcément un intérieur, salon ou chambre, et que, par suite, les effets irréels doivent être écartés, l'usage de l'éclair magnésique comme faisceau dominant ne peut vous conduire qu'à des effets de nuit. Et ces effets seront justes, ainsi qu'il est aisé de le montrer.

Considérez, par exemple, une personne assise dans un salon et placée sous les rayons d'une lampe (ce que je vais dire s'appliquerait également à une personne se chauffant près d'un feu, à une personne sortant d'une chambre éclairée pour entrer dans une pièce obscure, etc.), et analysez les éléments de la composition. Vous voyez tout d'abord que l'effet résulte du contraste de parties vivement éclairées et de parties relativement très sombres. Les parties éclairées sont celles qui reçoivent les rayons de la flamme de la lampe, soit directs, soit réfléchis par l'abat-jour; si, détournant les yeux du voisinage immédiat de la lampe, vous les dirigez sur les divers objets placés dans l'ombre, vous remarquerez que ces objets ne sont pas complètement noirs: les rayons réfléchis par les murs, le plafond, les meubles, créent une lumière diffuse qui permet de distinguer, en insistant, presque tous les détails des objets. En résumé, l'effet consiste dans le contraste de ces deux éléments : un milieu constitué par un ensemble d'objets faiblement éclairés par une sorte de lumière diffuse, et au centre de grands clairs réunis en un petit espace.

Ceci posé, si vous vouliez photographier le tableau réel qui se présente à vous, vous seriez conduit à un temps de pose d'une longueur inadmissible, et il vous serait sans doute impossible de rendre exactement l'effet, qui se traduirait par des noirs et des blancs purs. Mais supposez qu'aux deux lumières, lumière diffuse de la chambre et lumière vive de la lampe, vous ayez substitué deux lumières beaucoup plus actiniques, ayant entre elles le même rapport d'intensité, l'effet ne sera pas changé, mais le temps de pose en sera considérablement diminué.

Vous arriverez à ce résultat en remplaçant la lumière ordinaire de la lampe par un éclair magnésique, la lumière diffuse du milieu par la lumière du jour convenablement réduite et utilisée pendant un temps très court ; pour les épreuves ci-jointes, la durée de pose n'a pas dépassé une seconde.

On voit immédiatement que la justesse de l'effet a pour condition la justesse du rapport entre les actions chimiques respectives des deux lumières employées simultanément, et que, le travail de l'éclair magnésique étant constant, le point délicat du procédé consistera dans l'exactitude du dosage de la lumière du jour. Si vous posez trop longtemps, vous aurez des détails trop accentués dans les parties qui doivent être noyées dans l'ombre; si la pose est trop courte, aucun détail n'apparaîtra dans ces mêmes parties et vous aurez des noirs creux et durs.

J'ai indiqué il y a deux ans, d'une façon très explicite, dans une Note insérée au *Bulletin du Photo-Club de Paris*, les dispositions à prendre pour représenter, par exemple, un effet de lampe dans une chambre obscure ou faiblement éclairée. L'expérience ne m'a amené à aucun changement essentiel dans les procédés ainsi décrits, et je me contenterai de les reproduire ici à titre de renseignement; comme ce genre n'exige qu'une lumière diurne très faible, il peut se pratiquer partout, dans des intérieurs quelconques.

Voici le détail des opérations successives à exécuter, savoir : *Arrangement du motif, éclairage du motif, pose et développement du cliché.*

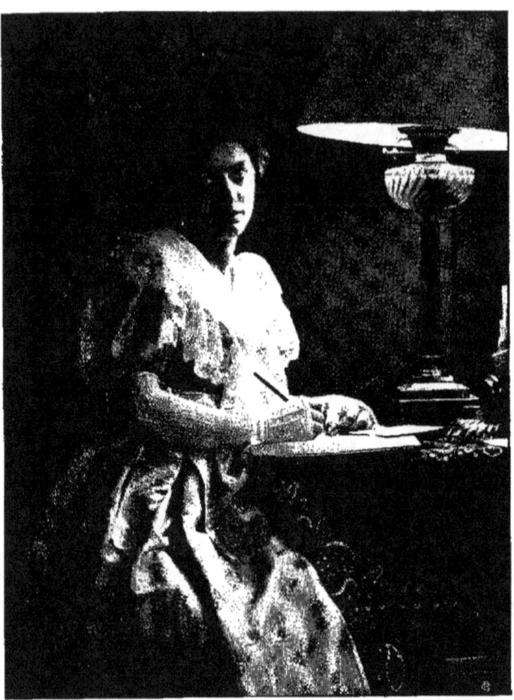

Arrangement du motif. — Fixer sur une lampe quelconque, assez forte seulement pour justifier l'emploi d'un abat-jour un peu grand, et placée sur un pied assez élevé, une lampe au magnésium plate, à laquelle on adaptera un long tuyau de caoutchouc. Recouvrir le tout par un abat-jour solide, à monture métallique. L'ouverture supérieure de cet abat-jour doit être fermée par un disque plat ou légèrement concave, en carton ou mieux en métal, qui a pour principal objet d'empêcher l'éclair magnésique de dépasser l'abat-jour, ce qui voilerait la plaque sensible. Ce disque sert en même temps de réflecteur et présente, en outre, l'avantage d'arrêter et de conserver, adhérentes à sa surface, les parcelles ténues de poudre non brûlées; toute production de fumée est ainsi empêchée.

Éviter dans les accessoires, fonds et habillements, l'usage d'objets ou d'étoffes d'un blanc cru: on pourra se servir des blancs de façon discrète dans les parties éclairées direc-

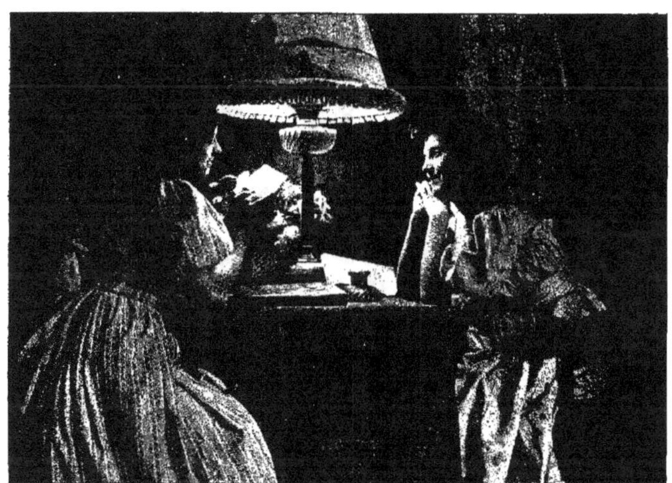

tement par la lampe, mais non dans les parties obscures du motif où les blancs détonneraient.

Les parties dans l'ombre devront, naturellement, pour se distinguer les unes des autres, présenter des tonalités variés; on fera, notamment, se détacher le dessin de la chevelure sur une partie plus claire du fond : on se guidera sur ces idées dans la disposition des étoffes et des accessoires.

Éclairage du sujet. — Supprimer ou éteindre à peu près totalement le jour d'en haut; employer seulement une lumière assez proche de l'horizontale et frappant normalement le plan du tableau; diffuser la lumière par des écrans de manière à obtenir un éclairage uniforme et un modelé plat et sans contraste.

Diminuer, au besoin, par l'interposition de rideaux l'intensité de l'éclairage général, afin que l'exposition soit pratiquement possible comme il est expliqué ci-après.

Pose. — Il est évident, en effet, que la durée de cette exposition ne pourra être inférieure au temps nécessaire pour ouvrir l'obturateur, faire partir l'éclair et refermer l'objectif. Si, tenant dans la main gauche la poire de l'obturateur, dans la main droite

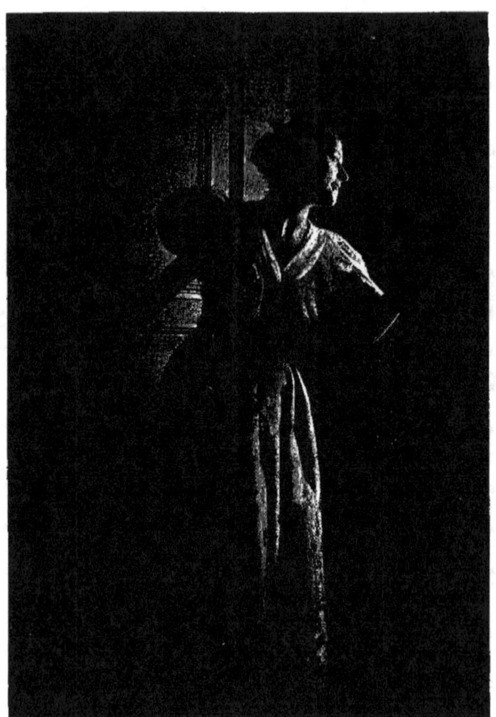

la poire qui actionne la lampe, on exécute sans arrêt les trois mouvements en question, on obtiendra une durée de pose voisine d'une seconde et qui sera sensiblement constante.

Le temps d'exposition au jour devant être, pour un effet de nuit, de $\frac{1}{9}$ à $\frac{1}{15}$ environ du temps normal, on voit que l'intensité de l'éclairage du motif et le diaphragme employé devront être tels que ce temps normal soit de 6 à 10 secondes au moins. On comprend aussi qu'une variation d'une fraction de seconde dans le temps de pose pourra avoir une grande influence en faussant le rapport du travail chimique de la lumière magnésique, lequel est constant, au travail produit par la lumière du jour. Or la justesse de l'effet résulte de la justesse de ce rapport.

Dans ces conditions, il paraît préférable de prendre le contre-pied de la méthode ordinaire et de se servir d'une durée d'exposition constante, soit une seconde, en faisant varier l'éclairage et le diaphragme.

Nous arrivons à cette règle : Le sujet étant placé, diminuer la lumière de l'atelier et l'ouverture du diaphragme de façon que le temps de pose normal soit évalué à 6 ou 10 secondes environ et exécuter sans interruption les trois mouvements visés plus haut.

Je me suis servi de l'expression « temps normal de pose » bien qu'elle n'ait aucun sens exact, mais l'indication doit suffire; de même les chiffres de 6 ou 10 secondes n'ont rien d'absolu, car ils doivent varier avec la nature de l'émulsion employée. On sera fixé après quelques essais et l'on corrigera l'écart constaté en modifiant convenablement l'éclairage, le diaphragme et, au besoin, en prolongeant ou raccourcissant insensiblement le mouvement de fermeture de l'obturateur; ceci est une affaire de doigté.

Développement. — Faire venir d'abord les grands noirs du cliché, et, lorsqu'ils seront près d'atteindre l'intensité que l'on désire, faire apparaître rapidement et légèrement les détails. Il est nécessaire, d'ailleurs, de développer jusqu'au grisé comme d'habitude et de ne pas chercher l'obtention de l'effet par la non-venue des détails dans les blancs.

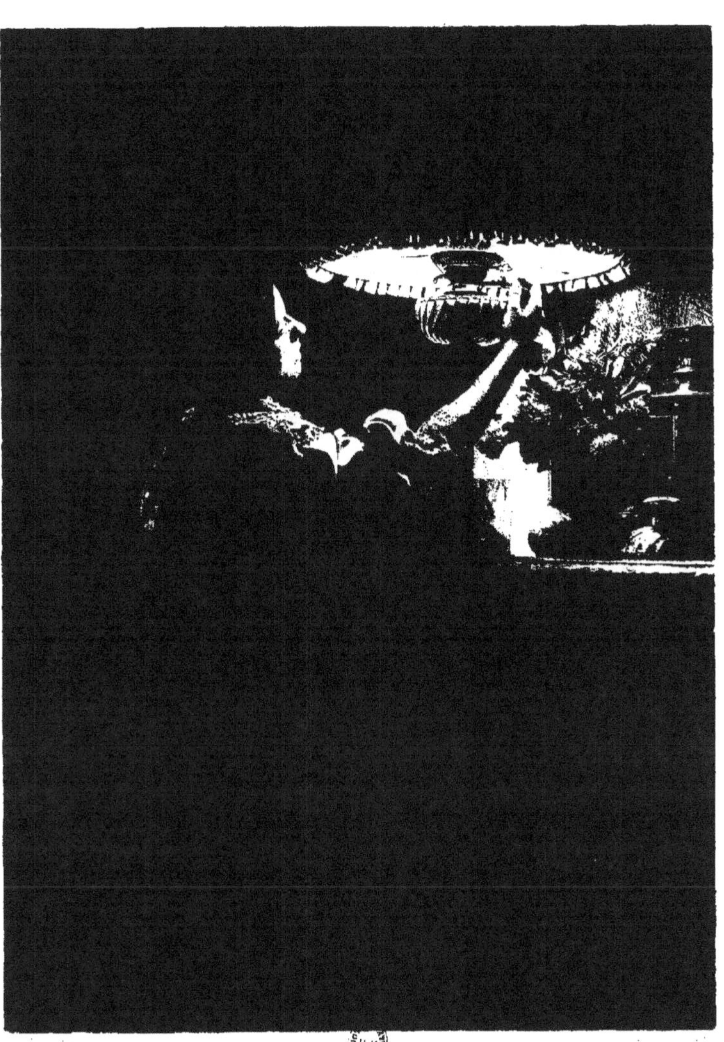

La lampe file

COMPOSITION ET TRADUCTION DU SUJET.

Composer, pour un photographe, c'est d'abord concevoir un sujet et se le représenter en esprit; c'est ensuite l'arranger en tableau vivant, de telle sorte que le motif ainsi créé soit susceptible, une fois traduit, de donner au spectateur une impression d'art. Comment faire naître cette impression? Pour le savoir, rendons-nous compte des éléments dont elle se compose; ces éléments sont assez complexes : ils comprennent premièrement une sensation pure, la sensation agréable résultant de l'harmonie des accords combinés des valeurs et des lignes; puis un sentiment provoqué par la nature même du sujet : sentiment de gaîté, de tristesse, de compassion, de grâce, suivant que le sujet est par lui-même plaisant, triste, tragique ou gracieux; enfin ce sentiment se trouve confirmé si le mode d'expression employé, ou si l'on veut la facture, s'adapte habilement au motif; certaines alliances de lignes et de tons sont, en effet, susceptibles d'éveiller, outre la sensation pure dont j'ai parlé, certains concepts sentimentaux: nous disons un dessin tourmenté, des lignes calmes et graves, un effet mélancolique. Ces associations d'idées sont quelque peu arbitraires, mais elles sont naturelles. Comme exemple très simple de tout ceci, supposez que vous ayez l'idée de représenter un enfant jouant avec un gros chien; le sujet, par lui-même, éveillera tout naturellement un sentiment de gaîté et de grâce; ce sentiment se trouvera confirmé si, évitant des oppositions de tons trop violentes, des combinaisons de lignes trop heurtées, vous avez allié un dessin souple à des valeurs tendres et claires; enfin, si l'ensemble des lignes et des tons se balance, se lie ou s'oppose avec harmonie vous aurez donné en outre à la vue du spectateur une sensation particulière, une sorte de plaisir purement physique.

De tous ces éléments dont la réunion fait naître l'impression esthétique, le dernier est, il me semble, le seul qui soit susceptible d'être analysé et défini avec quelque précision. La valeur sentimentale d'un sujet est chose impossible à fixer; elle varie avec les goûts particuliers à chaque époque et comment délimiter la vague frontière qui sépare les formes affinées du sentiment des formes basses du sentimentalisme. Dire, d'autre part, qu'il convient d'adapter la facture au caractère du sujet: que, par exemple, certains modes d'éclairage sont par eux-mêmes tristes ou gais, graves ou impertinents, et que l'on n'éclaire pas la tête d'une ballerine comme celle d'un notaire, cela est vrai sans doute, au moins en gros, mais quelle conclusion pratique en tirer?

Par contre, nous avons une conscience assez nette des lois auxquelles doivent obéir les combinaisons de lignes et de tons pour amener une sensation esthétique; nous concevons de même ce que signifient les expressions *équilibrer* ou *balancer les lignes, lier, rappeler, opposer les tons;* placés en face d'un motif nous pouvons dire avec quelque précision par où pêche l'accord des valeurs, quelle tache locale fait défaut, quelle ligne compromet l'équilibre. Ceci peut s'enseigner, s'apprendre par l'étude et la réflexion et il convient, par suite, de s'exercer à analyser les éléments des divers tableaux connus et classés, et de tâcher, par cette analyse, de surprendre le secret intime de leur harmonie.

On trouvera dans quelques ouvrages des modèles de ces analyses; je ne retiendrai ici qu'un point, à savoir que la sensation esthétique naît de la justesse des accords employés et que ces accords peuvent être considérés comme simples. L'harmonie d'un motif ne résulte pas, en effet, de la beauté particulière de telles lignes ou de tels tons considérés isolément mais bien considérés dans leurs rapports avec les autres lignes et les autres tons. Pour le ton c'est évident, le ton n'existe qu'en tant que valeur; pour la ligne c'est aisé à concevoir : supposez une ligne courbe; isolée elle est gracieuse, mais qu'elle représente le contour d'un nez, elle peut ne l'être plus si elle ne s'accorde pas avec le dessin du visage.

D'autre part, comme il entre dans tout motif certaines valeurs générales, certaines lignes principales dont l'importance est si nettement dominante qu'elles forment pour ainsi dire l'ossature de la composition et que les tons et les lignes secondaires sont comme annihilées en leur présence, pratiquement, dans tout motif, les accords combinés des lignes et des tons peuvent être considérés comme réduits à des éléments peu nombreux, à quelques grandes valeurs, à quelques grandes lignes.

C'est sous la forme de ces accords simplifiés et ramenés à l'essentiel que l'artiste doit se représenter en lui-même les motifs qu'il se propose de composer. S'il n'a pas naturellement cette tournure d'esprit, familière aux dessinateurs et aux peintres, il peut se la donner par l'étude, de telle sorte que l'image d'un tableau s'offre à lui tout d'abord sous l'aspect d'un schéma de lignes ou d'une alliance simple de valeurs. Il lui sera alors facile d'analyser ces éléments peu nombreux, soit qu'il se contente de se les représenter en esprit, soit qu'il les fixe sur le papier, d'examiner s'ils se combinent ou non avec justesse et d'y apporter les retouches, les modifications jugées utiles.

Il ne lui restera plus alors qu'à disposer le motif en tableau vivant en prenant pour guide les éléments principaux dont il a maintenant une conception nette, et à disposer les lignes et les tons secondaires en vue d'achever la liaison harmonieuse de l'ensemble.

Pour manier à son gré les lignes et les tons, il trouvera les ressources nécessaires dans le placement des diverses parties du motif, autrement dit dans la pose; dans la disposition de la lumière, en d'autres termes dans l'éclairage; enfin dans le choix des couleurs propres des vêtements, fonds et accessoires.

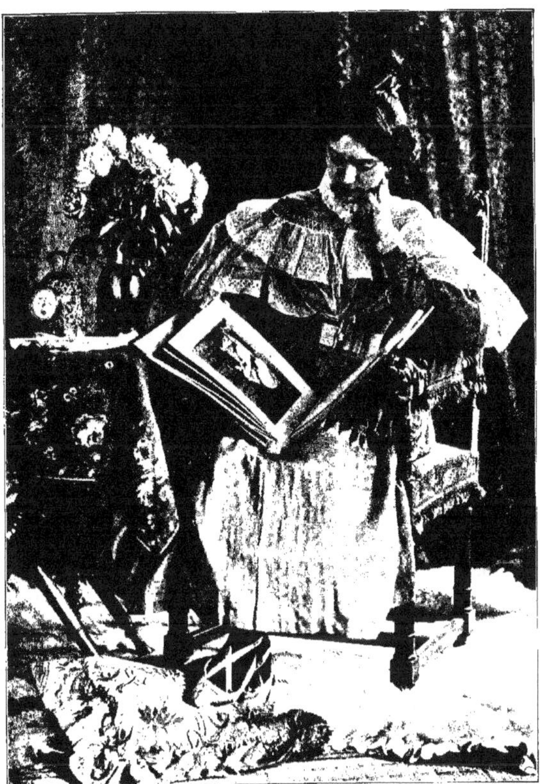

La pose agit sur la ligne seule, et nous pouvons lui assigner pour but de donner au motif des lignes générales bien équilibrées, de faire saillir certaines lignes typiques belles en soi, de dissimuler les lignes défectueuses, soit en les cachant, soit en les transformant par la perspective.

L'éclairage agit à la fois sur le ton et la ligne, sur le ton concurremment avec la couleur propre des objets, sur la ligne concurremment avec la pose. Retenons ce second point; la pose agit seule sur les contours, mais sur certaines lignes intérieures l'éclairage a une influence considérable, puisque la ligne n'est que la limite idéale qui sépare deux tons et que sur les reliefs la direction de la lumière agit à volonté sur l'emplacement de cette limite. Dans cette combinaison de la pose et de l'éclairage on trouvera le moyen de modifier à son gré l'aspect des figures. Soit un nez trop long : il vous est loisible de le raccourcir au moyen de la perspective, ou bien en relevant, par un reflet, l'extrémité du nez, ou par ces deux moyens combinés. De même pour un menton trop fuyant ou trop proéminent. Tout cela est affaire d'habitude et d'observation.

Viennent enfin les accessoires dont l'emploi habile permettra d'achever l'équilibre et l'harmonie de la composition. Parmi ces accessoires, les uns destinés à une fonction déterminée sont nécessaires par cela même, tels les sièges, les tables; l'usage des autres ne s'impose pas, mais il est loin d'être inutile ou arbitraire. Le rôle de ceux-ci n'est pas de servir d'ornements plus ou moins superflus, mais bien de rendre possible le placement de certaines lignes et de certains tons aux endroits précis où la bonne tenue de la composition l'exige. *Exemple :* dans tout sujet d'intérieur, il est nécessaire, en vue de la liaison et du balancement des tons, de pouvoir disposer certains rappels dans la région inférieure du motif; d'autre part, l'ombre qui règne sous les chaises, les tables, les meubles en général, tend à produire de grandes taches sombres qui peuvent faire trou dans l'ensemble et il convient d'avoir la faculté d'en réduire la surface ou de les boucher au besoin. De là la nécessité d'avoir recours à des tapis, à des coussins, à des sièges bas. Ce qu'il faut envisager dans ces accessoires, c'est donc, non leur nature, mais leur couleur propre, leur forme et leur masse. Ayez, par suite, des coussins, plus ou moins volumineux, blancs, gris et noirs, des tapis clairs et des tapis foncés, des sièges de hauteur et de tonalité variées. Pareillement, certains accessoires légers, comme les vases ou les fleurs, sont extrêmement utiles pour permettre d'achever la liaison des tons et de placer quelques menus rappels: peu importe donc que ces fleurs soient des pivoines ou des roses, que ces vases soient en porcelaine ou en terre; ce qui importe, c'est de disposer de fleurs plus ou moins claires, de vases plus ou moins élevés, de façon à pouvoir mettre le ton convenable à la hauteur nécessaire.

Les fonds doivent être envisagés de même; on peut les distinguer en fonds neutres, ne représentant rien, toiles blanches, grises, noires, unies ou largement brossées, et en fonds réels, tentures, tapisseries, etc. Leur rôle à tous est uniquement de faire valoir les figures, tout en s'harmonisant avec l'ensemble du motif. Par suite, les fonds blancs et les fonds noirs mis à part, leur valeur doit être forcément intermédiaire entre les tons respectifs de la peau éclairée et de la peau dans l'ombre, ou de la peau dans l'ombre et des cheveux. Il convient également, du moins en principe, qu'ils n'attirent pas l'attention; les dessins qu'ils peuvent contenir doivent être très discrets et, pour s'éviter toute surprise à cet égard, il est bon d'avoir recours aux étoffes imprimées ou tissées en monochrome, ton sur ton.

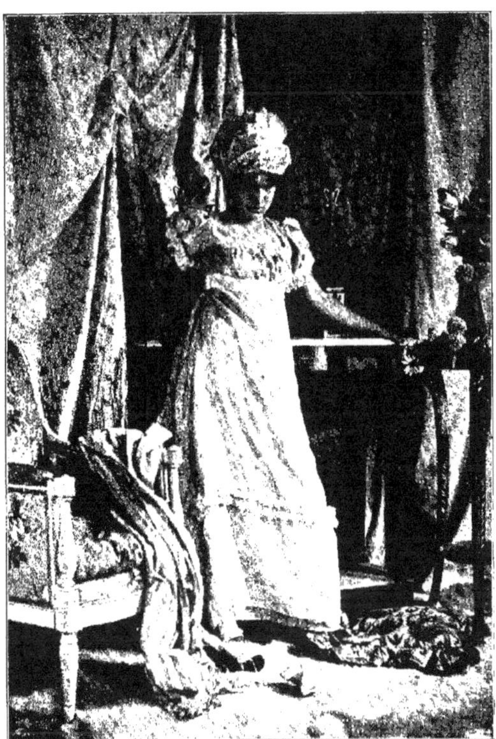

En résumé, pour se perfectionner dans l'art de la composition, il conviendra : en premier lieu, un motif s'offrant à l'esprit, de s'habituer à le concevoir et à l'analyser sous forme schématique et réduit à quelques accords essentiels de tons et de lignes; en second lieu, de s'exercer à étudier les détails du motif, une fois disposé, au point de vue de l'harmonie des lignes et des tons et à manier habilement, pour achever cette harmonie, les éléments accessoires du milieu.

J'insisterai en terminant sur l'importance particulière du bon emploi des tons. L'effet d'un sujet représenté en camaïeu résulte avant tout de l'opposition des valeurs; on peut être coloriste en noir et blanc. Or un certain nombre de sujets, par leur nature même, s'offrent à l'esprit sous forme d'une combinaison de lignes; tels ceux qui consistent dans la représentation d'un geste, d'une expression, d'une attitude. Dans ce cas vous êtes naturellement amenés à composer le motif d'abord au point de vue des lignes, de telle sorte que le geste, l'attitude, l'expression aient du naturel et de la souplesse. Mais, ce premier résultat obtenu, votre tâche n'est faite qu'à moitié seulement. Si vous n'y prenez garde, l'intervention des tons viendra fausser l'équilibre que la ligne ne suffit pas à assurer. Il faut donc s'habituer à considérer le ton et la ligne comme deux moyens d'expression indissolublement liés et se persuader que tout motif demeurera sans grand mérite si l'harmonie du dessin ne s'y trouve combinée à la saveur d'un effet.

Un motif étant choisi et composé de telle sorte qu'il puisse être interprété par les procédés propres à la Photographie, amener cette interprétation, par des approximations successives, au degré maximum de justesse et de vérité esthétique, tel est le but qu'il convient de poursuivre dans le développement du cliché et dans l'impression positive.

J'ai dit *interprétation* et non *traduction*, la vérité esthétique n'étant pas la vérité toute pure, et il serait superflu d'insister sur cette idée; cependant l'expression peut sembler ambitieuse. De ce que nos procédés sont en partie mécaniques et échappent à l'action directe de la main, notre initiative n'est pas entière, notre pouvoir est limité et, à dire vrai, l'œuvre photographique n'est en somme qu'une traduction plus ou moins libre. A quelle part de liberté pouvons-nous prétendre et quelles ressources pouvons-nous trouver à ce point de vue dans le traitement du cliché et dans la conduite de l'épreuve?

Dans le développement du cliché, peu de ressources à ce qu'il me semble. Comme, en pratique, toute modification locale du travail du révélateur est impossible, notre intervention personnelle a seulement le pouvoir de changer, dans un sens voulu, les rapports généraux des valeurs; en d'autres termes, de diminuer ou d'exagérer les contrastes dans l'ensemble du motif. C'est un avantage qui n'est pas d'ailleurs à dédaigner; par là nous pouvons racheter en partie les erreurs de traduction grossières provenant de l'action inégale des couleurs et arriver à représenter l'effet en valeurs à peu près

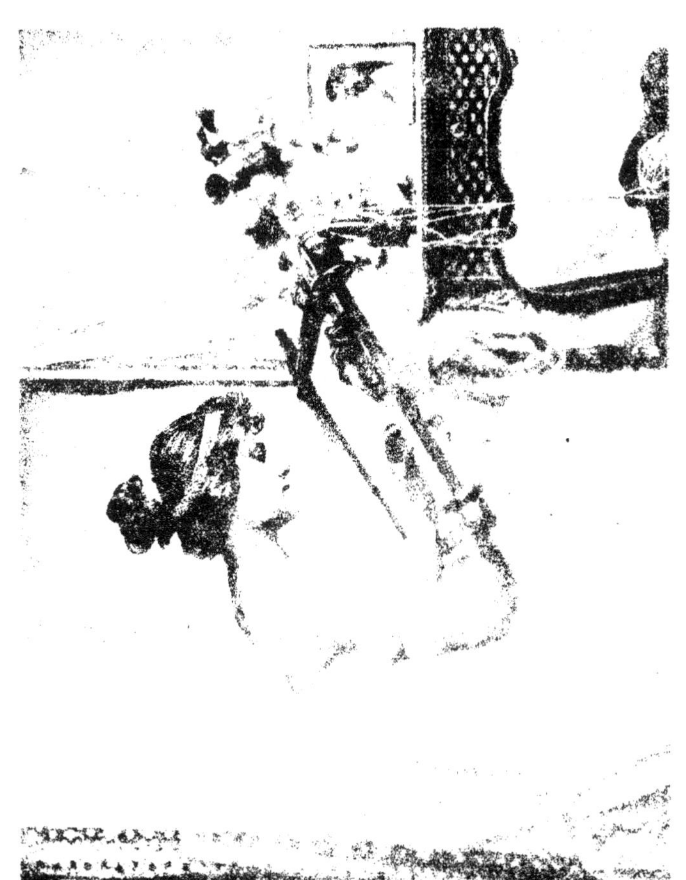

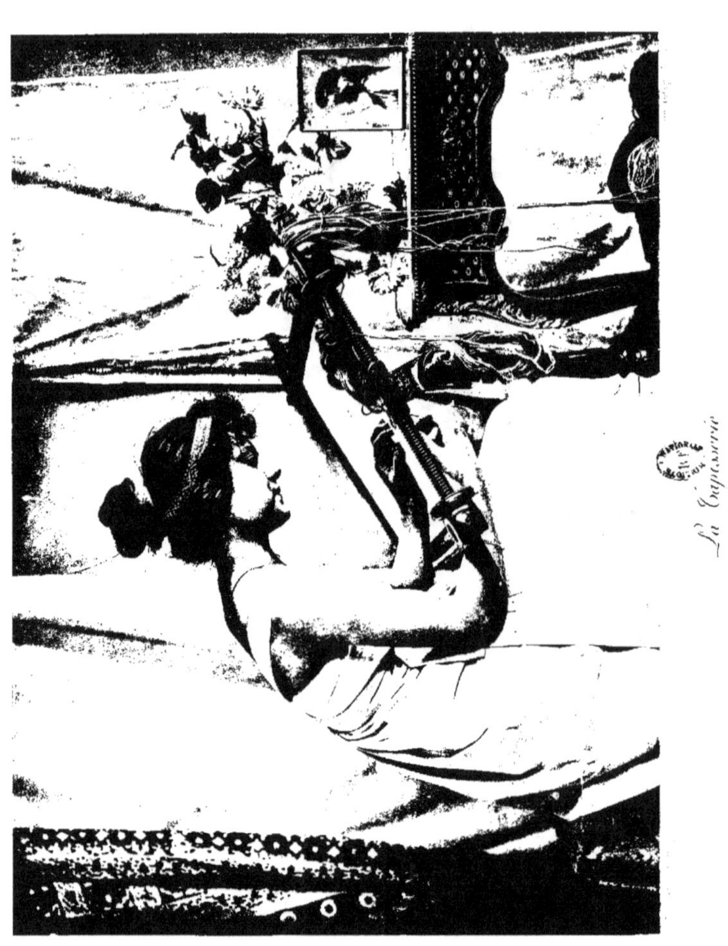

justes. Il me paraît illusoire de prétendre aller plus loin et peu légitime de demander un effet aléatoire à un accident heureux dans le développement du cliché. La vérité esthétique n'étant en somme que la vérité altérée dans un sens systématique, qu'il nous suffise de pouvoir, par le développement, exagérer, accentuer, avec discrétion bien entendu, l'effet général que nous voulons rendre. N'allons pas non plus, sous couleur de simplification, escamoter des tons dans les gammes extrêmes, supprimer certaines nuances dans les blancs ou dans les noirs. Le cliché ne sera bon que si l'on y trouve reproduit, dans des rapports suffisamment exacts, l'ensemble complet, la gamme entière des tons qui entrent dans la composition du motif.

Pour arriver à ce résultat, pour conduire l'opération à sa guise, il faut naturellement se servir d'un développateur dont on puisse ralentir et modifier l'action à volonté, d'un développateur qui contienne, par suite, des éléments assez nombreux, ayant chacun un rôle déterminé. Il sera bon aussi d'employer des émulsions essayées à l'avance, car les émulsions diverses se comportent d'une façon très variable et ne sauraient être traitées de la même manière. Enfin, il faudra chercher avant tout à obtenir un bon rendu des valeurs, ou, plus simplement, des contrastes, sans trop s'attacher à l'intensité générale du cliché, chose secondaire que peut donner, après coup, un renforcement bien conduit.

De toute façon le développement du cliché n'est qu'une première étape ; au cours des opérations qui restent à exécuter pour obtenir l'épreuve, nous trouverons des ressources nouvelles permettant de serrer le but de plus près. Retouche du cliché, emploi de l'agrandissement, du flou, du grain du papier, choix de la nature du papier, de la couleur de l'épreuve, ces ressources sont multiples ; grâce à elles nous pourrons : 1° arriver à une plus grande exactitude dans le rendu des valeurs importantes du motif ; 2° atténuer, dans une certaine mesure, les défauts inhérents à l'instrument photographique, défauts qui apparaissent dans la fausseté de certains tons locaux, dans la sécheresse du trait, dans l'excès uniforme du détail.

1° C'est par le choix du papier, s'il s'agit de papiers à noircissement direct, par la conduite du développement pour les autres, qu'il sera possible d'obtenir une plus grande fidélité dans la reproduction des rapports généraux des tons. Nul n'ignore que les papiers salés, par exemple, tendent à diminuer les oppositions existant dans le cliché ; que les papiers au chlorure et leurs dérivés tendent, au contraire, à les accentuer. Tous ces papiers ont l'inconvénient de ne pas donner très complètement le clavier des tons, les premiers rendant médiocrement les tons voisins du noir, les seconds certaines nuances très voisines du blanc ; le moins imparfait à ce point de vue est sans contredit l'albuminé. Les papiers à développement chimique, bromure d'argent, platine, charbon, permettent dans l'ensemble des valeurs des corrections plus sensibles, et le charbon offre en outre l'avantage d'une plus grande variété de teintes. Mais tous les papiers que je viens de nommer possèdent un défaut commun : ils ne se prêtent pas au mode de retouche le plus fertile en ressources, je veux dire au développement local des diverses parties du motif. Aussi l'avenir me paraît-il être aux papiers qui se développent par le moyen d'un agent mécanique : eau, sciure de bois, pinceau : tels le papier charbon velours et mieux encore le papier à la gomme bichromatée. Ici, le procédé, bien plus souple, permet, dans une

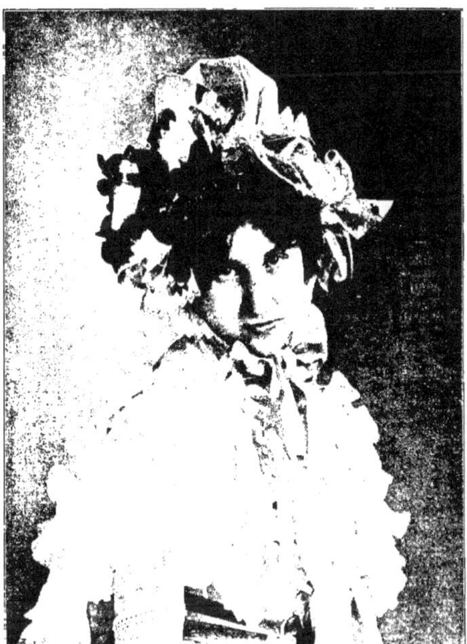

mesure assez large, d'atténuer les inconvénients visés plus haut : fausseté de certains tons particuliers, sécheresse du trait, uniformité des détails.

2° Du moment en effet qu'il vous est loisible de dépouiller plus ou moins telle ou telle partie de l'épreuve, vous pouvez, par un tour de main habile, agir sur certaines régions de préférence à d'autres et modifier ainsi les valeurs dans le sens désirable; vous pouvez empêcher ici ou là la venue des détails ennuyeux, les brouiller au besoin, laisser dans un vague avantageux les parties secondaires du motif, mettre en évidence le centre d'intérêt. Observez encore que vous avez ici, dans le choix du grain du papier, une liberté absolue et, par suite, la possibilité, en vous servant en même temps du flou et de l'agrandissement, d'atténuer dans la mesure désirable la sécheresse du trait.

Ajoutez enfin que, grâce à ce procédé, l'emploi de ce que l'on appelle communément *retouche* devient inutile ou à peu près. La question de la retouche se trouverait ainsi réglée de la façon la plus heureuse et supprimées : par suite, les habituelles discussions sur le caractère qu'il faut attribuer à ce genre d'opération. Est-il des retouches légitimes et d'autres qui ne le sont point? S'il faut donner mon opinion personnelle, je dirai qu'en ce qui concerne l'épreuve positive la question me semble claire. Une fois sèche une épreuve ne doit pas avoir besoin d'être retouchée, car je n'appellerai pas retouche l'acte de corriger un défaut du papier ou d'éteindre un point blanc qui détonne de façon malencontreuse. La seule retouche qui me paraisse rationnelle ici doit s'opérer par le

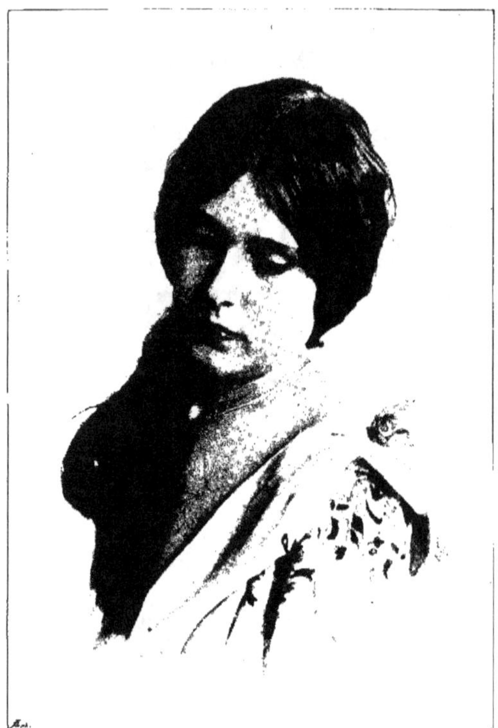

moyen du développement local dont j'ai parlé. D'une façon générale, et notamment sur le cliché, toute retouche me paraît condamnable qui aura pour but de confier à la main tout ou partie du travail qui, par la nature des choses, doit incomber à l'action chimique : telle l'opération courante qui consiste à substituer au modelé savant et nuancé d'une figure vivante le modelé rudimentaire d'un masque en baudruche. On ne doit pas être amené à modifier ou à compléter le modelé d'une figure tel que le donne le cliché, sinon le cliché est mauvais; il n'y a qu'à le jeter. Le crayon ne saurait intervenir que pour enlever les taches de la figure, peut-être pour adoucir quelques rides trop marquées, et encore ce résultat serait mieux obtenu en ayant recours au flou. L'emploi du maquillage, en revanche, me semble se justifier comme ayant pour objet de baisser un ton local mal reproduit par la plaque sensible. Et, pour tout dire, si la retouche me paraît légitime, en certains cas, lorsqu'elle se propose simplement de corriger un défaut inhérent à l'instrument photographique, elle ne l'est certainement plus si elle n'a d'autre but que de remédier à la maladresse de l'opérateur.

Je terminerai ici ma tâche; je crois avoir, dans les Chapitres qui précèdent, touché, au moins en passant, aux principales questions qui peuvent intéresser les photographes amoureux de leur art. Je ne pouvais que les effleurer; il resterait à les reprendre, à les traiter en détail par des textes alliés à des images que le progrès continu des procédés de reproduction saurait rendre de plus en plus attrayantes. Je souhaite que la fantaisie en vienne à quelques-uns de ceux qui, par leur exemple, ont ouvert la voie où tant d'amateurs de bonne volonté s'efforcent de les suivre.

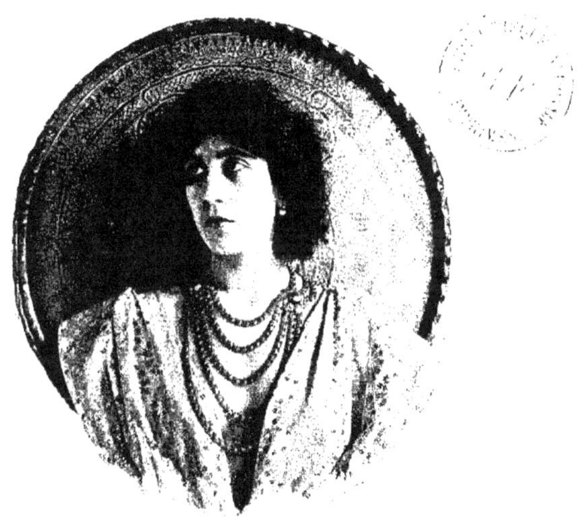

TABLE DES MATIÈRES.

PLANCHES.

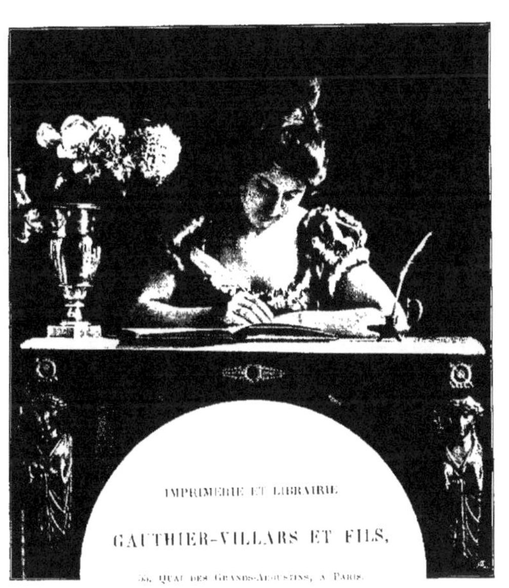

IMPRIMERIE ET LIBRAIRIE
GAUTHIER-VILLARS ET FILS,
55, QUAI DES GRANDS-AUGUSTINS, A PARIS.

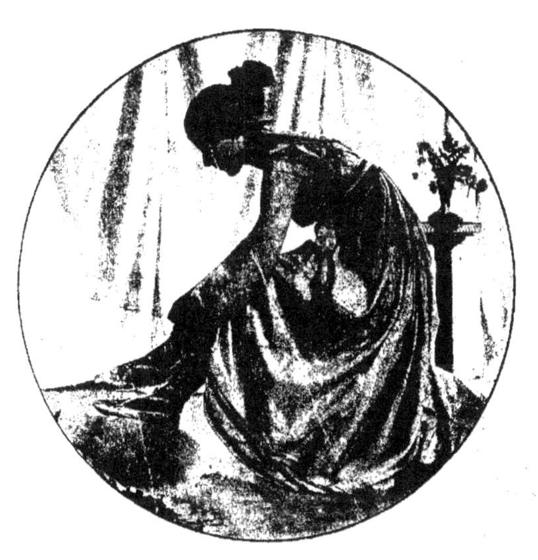